U0895226

刘永行说

凌龙　编著

企业管理出版社
EMPH
ENTERPRISE MANAGEMENT PUBLISHING HOUSE

图书在版编目（CIP）数据

刘永行说 / 凌龙编著. -- 北京：企业管理出版社，2017.1

ISBN 978-7-5164-1410-1

Ⅰ. ①刘… Ⅱ. ①凌… Ⅲ. ①企业经营管理 Ⅳ. ①F272.3

中国版本图书馆CIP数据核字（2016）第284433号

书　　名：刘永行说
作　　者：凌　龙
选题策划：申先菊
责任编辑：申先菊
书　　号：ISBN 978-7-5164-1410-1
出版发行：企业管理出版社
地　　址：北京市海淀区紫竹院南路17号　　邮编：100048
网　　址：http://www.emph.cn
电　　话：总编室（010）68701719　　发行部（010）68701073
编辑部（010）68456991
电子信箱：emph003@sina.cn
印　　刷：香河闻泰印刷包装有限公司
经　　销：新华书店
规　　格：170毫米×240毫米　　16开本　　14.75印张　　150千字
版　　次：2017年1月第1版　　2017年1月第1次印刷
定　　价：48.00元

推荐语

刘东华（正和岛创始人、原《中国企业家》杂志社社长）：刘永行先生作为我们身边的一个企业英雄，他带给每个中国企业人的价值是难以想象的，这本书可以作证。他当然不可能代表21世纪企业发展的所有方向，但他和他的企业多少年如一日所体现出来的工匠精神以及这种精神背后的哲学理念，在中国企业家群体中难有出其右者，比如仅在“事事追求点点滴滴的合理化”上所下的功夫，就足以感动上帝、领袖群伦了！

秦朔（著名媒体人，原《南风窗》杂志、《第一财经日报》总编）：真正的价值终会得到社会的认可和人们的尊重。作为中国实业家的杰出代表，刘永行先生的管理思想将放射出越来越强的光芒。希望这本迟来的书，能够成为我们认知一位长期沉默的巨人的向导。

题记

刘永行说

东方希望的管理其实很简单

刘永行

企业管理一定要简化，东方希望的管理其实很简单，全部理念就是一张卡片、四个原则，总共不到200个字。

一、哲学理念

“敬畏大自然”是我们的最高哲学，也是我们一切观念的原点。据此，我们提出了自己的哲学理念：顺势而不随流，明道却非常路，习术要善修正。

从势的角度来看，我认为首先要顺应大自然的规律，顺应科学原理、经济规律。我们要顺应规律，但又不能随流。流是什么？流就是大众思维，不要大家做什么你就做什么，随大流绝不会成为优秀企业家。势错了是转不过来的。道是方向，一定要把方向搞清楚。常路是大家做你也做，这是非常危险的。企业一定要有自己的个性，需要坚持自己的东西。明道却非常路的意思是既要按照规律去做，又要避免受传统思维和大众思维影响。把势和道搞清楚之后，接下来就是术，术需要学。我们要把正确事情及时落实到位，把事情做好，这就是术，平时的工作90%是术。

第一个层面是不允许犯错误的，第二个层面可以犯一些小错误，第三个层面要允许犯错误，但要善于及时修正。在小事上不断建立标准就会做得越来越好。切忌一会儿做这一会儿做那。不要去羡慕人家，要专注地做好自己的事。

二、价值理念

第一条：诚信、正气、正义。这是我们价值观念的核心，也是其出发点。

第二条：榜样、教师、教练。这一条主要是针对管理干部和承担着一些管理工作的员工而言的。你要求别人做好，你自己首先要做好。

第三条：事事追求点点滴滴的合理化。事事和点点滴滴两个修饰词是指追求没有遗漏的、深层次的合理化，合理化了还要追求更合理，永远持续下去，让它更合理。这一条主要用于工厂改进。

第四条：竭尽全力创造企业的相对优势。创造企业的相对优势要从投资建厂开始，一是投资要比别人省，二是建设速度要比别人快。这一条主要用于指导投资、建厂和技术开发。

第五条：为消费者付出多一点、贡献多一点。作为生产者时，我们要用创造者的价值观，这时我们的价值观应该转换为“为消费者付出多一点、贡献多一点”。有了这样的观念，我们就会主动地为社会、为国家做贡献，而不是在遭受市场惩罚后被动地迎合市场。

第六条：我们的收获在其中，随其后，随之而来。我们的收获就在为消费者付出多一点、贡献多一点之中，并随为消费者付出多一点、贡献多一点之后，随之而来。

三、投资观念

既好、又快，还要消除一切形式的浪费。

我们的投资理念中没有“多”和“大”两个字，东方希望从来不提追求世界500强，只要努力，那是自然而然的结果。

四、管理理念

领导管理： 制定标准，培训员工，规划战略，管理例外。

时间管理： 安全性，重要性，时序性，经济性。

标准管理： 对照标准，确认现状，计算差距，分析原因，实施改善。

领导是制定标准的，如果不能制定标准就需要去学习，请专家一起制定标准，然后再培训员工。每个月都要有一个固定时间用来做规划，看看接下来要做些什么。还有一点是管理例外，如果灾害来了，员工无法处理时领导要立即负责。

企业的差距及现状必须数据化，要追根溯源并制订正确的措施，保证及时落实到位。如情况发生了变化，不能到此为止，一定要循环优化改进，这样标准就有了意义。

刘永行：以大自然为指南

王育琨

2016年年初，我第一次在三亚慧谷家族论坛上见到刘永行先生。他站在讲台上，一开口就抓住了我的心——在重工业已经哀声一片的时候，他却在欢呼“春天来了”。

他说，“敬畏大自然”是东方希望集团的最高哲学，一切都要“随顺自然”。

他说，既然大自然将煤矿安排在了新疆的戈壁滩上，那我们就不能违背大自然的安排，就要到戈壁里去开办工厂，做企业必须“顺势、明道、习术”。他的原则是“一切都要以最节省资源的组织方式来切入”。

他说：“你顺应天道，天道就会奖励你，并且毫不吝啬。”

东方希望集团在新疆的戈壁里兴建了一个“六谷丰登”的产业园——煤谷、电谷、铝谷、硅谷、化工谷、生态谷。他说，我们在新疆的矿产、电力都在这个产业园里。我们在这个产业园里做了一个26公里长的传送带，来衔接资源。我们建好了产业园，新疆自治区政府又在附近配套兴建了一座大水库，将远处雪山的融水汇集起来，变成了优质的生活用水和工业用水。

我们已经习惯了从虚幻的梦想或野心出发选择事业，刘永行先生突然来了，他选择谦卑和敬畏，他选择认真聆听大自然的声音，他选择以大自然为指南确立自己的真北，确立企业的真北。

刘永行先生激发了我极大的好奇心。2016年5月23日，我去上海东方希望集团总部拜访他。他很高兴，又给我大谈另外一种自然：人的内在自性的自然。

刘永行先生每每看到年轻人得过且过、慢待自己的天性，就有点儿心疼。他深入研究了人性，发现人性中有两种基因：一种是英雄基因，那是祖先在面临无数个灭顶之灾时自性爆发所形成的基因；一种是保守基因，那是人们寻找舒服安逸的一种天性。这两种基因是每个人身上都有的一种自然，是一个丰富的矿藏。刘永行先生坚信，通过领导“榜样、教师、教练”的具体方法，可以把团队的英雄基因引导到工作和事业上，可以把团队的保守基因引导到生活上。于是，他开启了一个生命教育的系统工程。

我对此特别倾慕，于是，2016年6月初，我又跟随刘永行先生去东方希望集团的新疆基地和晋中基地考察。我在现场看到、听到、感到，他在一个又一个电闪雷鸣的现场，用他的自性直觉，精准聚焦操作上的盲点，直击人性深处的懈怠和马虎。我发现，那些年轻人个个专注，那种超越自我的自信和喜悦，一直洋溢在他们的脸上。

在新疆东方希望高管大会上，他为大家带来了一场文化盛宴。刘永行先生说：“东方希望在新疆发展五六年来，一直注重环保问题，顺应大自然发展规律，敬畏大自然，不做污染和破坏大自然的事情，因此才有了新铝美丽的自然景观。”

刘永行先生用物理学理论深入浅出地讲解了“顺势、明道、习术”的观念。他说势代表了自然规律、经济规律、人文规律等，势也可以理解为势能，用公式表示为EP=mgh，g为重力常量，m和h决定了势能的大小，在企业中m代表了企业规模、体量、品牌质量等，h代表了企业相对优势，只有m和h同时强大，势能才大。而一旦随流后，势能转化为动能，用公式$EP=mgh=\frac{1}{2}mv^2$表示为什么企业之前建立的相对优势h会随着随流速度v的增大而不断减小，所以我们要顺势却不随流。”

刘永行先生说，大自然和消费者都是我们的“上帝”！我们要顺应大自然，读懂大自然的暗示，按照大自然的规律办事，只有这样，我们才能创造企业的相对优势，才能满足消费者“付出少一点、收获多一点”的价值观，如果我们给消费者提供的产品既能物美又能价廉，何愁消费者不选择我们，何愁企业不发展，哪里还用在乎经济是上行还是下行呢！

刘永行先生鼓励他的团队说：“我们在五彩湾戈壁里发展五六年来，在经济最萧条的时候，我们仍有可观的利润，我们做对了！大自然说我们做对了，就该这样做！我们在新疆会越做越好！”

每个年轻的心灵日日夜夜都想听见这个呼唤，并且为之战栗，因为那是他们不敢对外诉说的内心深处的秘密，那是如此刻骨铭心、一经念起就让他们热血沸腾，一大堆“痴心妄想”就会泉涌而出。他们深知，内在自性是属于他们的朝霞，那是他们真正的解放！

“人法地，地法天，天法道，道法自然”，许多人都会念这句话，而刘永行先生却擅长于这样做。刘永行先生以大自然为指南经营企业，全方位体现了一个企业家的经营哲学和至诚：“惟天下至诚，为能尽其性；能尽其性，则能尽人之性；能尽人之性，则能尽物之性；能尽物之性，可以赞天地之化育；可以赞天地之化育，则可以与天地参矣。”

我羡慕在东方希望集团的年轻人，可以有这样的一个“自诚明”的人生导师。

现在，这份福利有机会与全社会分享了！我的好友凌龙在希望集团扎根25年，他是《希望集团报》的创办者和总编辑，历任新希望集团宣传部部长助理、东方希望集团宣传部副部长和华西希望集团宣传部长，一直在希望集团文化宣传系统工作，曾亲身经历过希望集团发展变迁中的许多重大事件，还为刘氏四兄弟编写过很多书刊，更重要的是他本身就是一个有着雄厚沉淀和深邃思考的人。他根据希望集团事业创始人陈育新先生的“反差管理”所提炼出的“反而理论”深得中华文化的真谛，亲切朴实，别具一格。经过在希望集团的淬炼，如今他看人看事已经有了宠辱不惊的淡定和“反者道之动”的意蕴，这也为他编写这本书打下了良好的基础。

2016年7月，我们一起在成都相处了几天。真正走近他才知道，这个50出头的北方汉子一说起刘永行先生就两眼放光，激动不已，那种情不自禁，那种恨不得亲吻刘永行先生走过的每片土地的痴情让我惊叹不已。刘永行先生是他的偶像，他说刘永行先生身上“凝聚着一股浩荡的英雄气”，而他是“崇拜英雄的”。

是的，刘永行先生唤醒了很多人身上的“英雄基因”，将一个又一个普通人变成了企业英雄，希望集团和东方希望集团也因此充满了雄性的阳刚与伟岸。

对企业经营管理有很深的体悟，又有不错的理论素养，还有压抑不住的激情，由这样一个人执笔编写《刘永行说》，读者一定会从中感受到刻骨铭心的真诚。唯有这样的真诚，才可以把刘永行先生这样一个“自诚明”的人给呈现出来。

是为序。

王育琨

2016年11月26日

目录

反而：东方希望的管理秘笈

凌 龙

刘永行先生有几句口头禅：

你必须与众不同。

不随大流是我的一贯做法。

我从来都是同时从正反两个方面思考一个问题的。

我试着将刘永行先生的企业经营管理精髓概括成以下七条，这七条也构成了本书的基本骨架：

在人类与自然之间，他认为，人必须“敬畏大自然”。

在观念与行为之间，他认为，“观念是第一生产力”。

在战略与战术之间，他认为，“当战略确定之后，剩下的时间都是做战术”。

在普通与优秀之间，他认为，可以“让三流人才创造一流业绩”。

在小事与大事之间，他认为，要“事事追求点点滴滴的合理化”。

在企业与客户之间，他认为，要“付出多一点、贡献多一点”。

在现在与未来之间，他认为，“最难的那条路就是离成功最近的那条路”。

我们发现，他的观点恰恰与常人相反，表现在企业经营管理当中，就是要：顺势而不随流，明道却非常路，习术要善修正。

实际上，所有大成者一定是认识了规律并善于利用规律的人。宇宙运行有规律，万物变化有规律，企业成功也有规律。

这个规律究竟是什么呢？

老子的一句“反者道之动，弱者道之用”，已经洞悉了世间的所有秘密。他告诉我们，事物总是在走向自己的反面，这便是“道”的状态，而柔弱胜刚强则是“道”的作用。矛盾双方总是相辅相成，并以此循环往复以至无穷，此即为“道”。“道”顺应自然，而不是改变自然。老子不仅认为事物的对立面之间相辅相成、互为前提，而且认为对立面之间的相互转化是普遍规律，因此，事物发展到极限，就会“物极必反”。

中华文化有一个共同特点，就是无论在自然和人生领域里，任何事物发展到极端，都有一种趋向，就是朝反方向的另一端移动。如果我们据此将男女、得失、兴衰、成败、战和、爱恨、苦乐、进退、是非、呼吸、灵肉、情仇等两两相对的事物代入太极之中，我们就会惊奇地发现，其道理居然如出一辙。再放眼去看，天下居然一片通透：无论什么事物，在发展到极点以后，一定会向相反的方向发展。

能够准确把握事物发展的规律性，并在其变化的拐点处及时转向，在一般人眼里，这种行为看起来像是“反”的，但实际上，它正顺应了事物发展的规律。

德国大哲学家黑格尔说：“一切事物都包含着对它自己的否定。”《中国哲学史》的作者冯友兰也说：“事物变化之最大通则，是一事物若发展至极点，则必一变而为其反面。其能维持发展而不致变为反面者，则其中必先包含其反面之因素，使其发展一直不能至极点。”

人总是朝最省力的方向去，这是人类进步的原动力，但上帝却在其中埋藏了很多陷阱，在等着看人类的笑话。总是朝着省力的方向走，人生的道路将会越走越窄。遗憾的是，大多数人正是这样做的。刘永行先生的不同之处正在于他在洞悉规律和人性之后“与众不同”的选择，他选择走向“常人的反面”，他因此而成了“非常人”，他也因此取得了成功！这正是本书最想说的一点。

三国时实力最为弱小的刘备之所以能够赢得三足鼎立之势，其采取的策略其实只有一个：操以急，吾以宽；操以暴，吾以仁；操以谲，吾以忠。每与操反，事乃可成。

利人即利己，只是它不像表面那么简单而已。实际上，企业经营就是一种以利人的方式利己的游戏。“己欲达而达人，己欲立而立人”，“非以其无私邪，故能成其私。”普通人往往注意了眼前的而忽视了长远的，注意了既得的而忽视了将得的，注意了现在的而忽视了发展的，注意了自己感兴趣的而忽视了最需要的，这正是我们常常犯错的原因。

选择权是客户最主要的权利，无数客户用自己的这一权利，也即自己的“小恶”——希望“付出更少，得到更多”，迫使企业不断“改进技术，降低成本”，反而成就了许多优秀的企业。市场将无数客户的“小恶”集中在一起，反而成就了促进社会发展的“大善”，这便是市场规律最伟大的地方。市场规律就像一把筛子一样，无情地淘汰了很多企业，也热情地成就了很多企业。

市场给每个人发财的机会，只要你为别人创造价值。健康的市场中谁赚钱最多？就是谁服务人数最多的人。市场就是按照你给别人带来幸福和快乐的多少来回报你的。

许多人做了一辈子企业，却不明白做企业最需要明白的一个奥妙：以利己始，是一直不能利己的根本原因。以利人始，方能以利己终。真诚地为客户、为他人谋利益，你的利益才有最根本的保障。这并不是唱高调，而是维护自身利益的根本所在。只有在客户、他人成功的同时，你自己的价值才能得以实现。

事物总是在朝不是自己的方向发展着、变化着，直至消亡；自然和生命都具有相反的两极形态；解决问题的办法总是隐藏在这个问题的相反的地方；正确答案不在事物的两极，而在两极之间的某个位置上，这就是我们的最终结论。

许多自以为精明的人就像西班牙的斗牛，只顾冲向前面那块红布，却不知那诱人的红布后面是空的。他们一直将这条摆在桌面上的大道至理当作骗人的包装，或者忽悠他人的“口号”，岂不知，这才是问题的症结所在！

大舍大得，小舍小得，不舍不得。先舍多得，后舍少得。舍你多的，得你少的；舍你有的，得你无的。刘永行先生及其兄弟用35年时间，终于在取与舍中，悟透了企业管理的秘笈：相反相成。每个消费者都希望物美价廉，就是想“付出少一点、得到多一点”，如果生产者也这样想就麻烦了，你必须反过来，你只有“付出多一点、贡献多一点”，才能随之得到。刘永行先生说，人们在消费时总是希望尽可能地“付出少一点、得到多一点”，这种不断寻求“付出少一点、得到多一点”的大众文化，正是诸多因素中推动社会进步的核心要素和动力源泉。他说，在市场经济条件下，每个人都具有双重身份——消费者和生产者。在作为消费者的时候，我们当然有权利要求“付出少一点、得到多一点”；但当我们作为生产者时，就必须“付出多一点、贡献多一点”。

企业需要解决的核心问题是组成企业的每个员工也是普罗大众的一分子，如果大众文化主导了企业经营，企业和员工在经营活动中也奉行“付出少一点、得到多一点”的大众文化，那么，企业就无法满足大众“付出少一点、得到多一点”的要求。很显然，这样的企业只有走向灭亡。

在市场经济条件下，虽然推动社会不断进步的因素有很多，但直接推动者却是作为消费者的普罗大众。人们在消费时总是希望尽可能地

“付出少一点、得到多一点”。正是这种不断寻求“付出少一点、得到多一点”的大众文化，决定了作为产品和服务提供者的企业只有不断满足其需求，才能在市场竞争中不断发展。因为大众文化在提供市场机会的同时，也在给企业投票，并以优胜劣汰的形式不断清理着市场。这种“付出少一点、得到多一点”的大众文化，正是诸多因素中推动社会进步的核心要素和动力源泉，企业经营本质上就是顺应这种大众文化的需求。

如今，很多企业徘徊在两者之间，付出时有“不得不”的被动，得到时又有“差不多”的迁就，这才是很多企业做不好、做不大的深层原因。

刘永行先生认为，优秀企业和其员工在企业经营活动中，需要把优先权让给消费者，持续把价值和财富让给大众，这样的企业才算真正“得道”的企业。“得道”的企业非得要“反”大众文化而行之，也就是要“付出多一点、贡献多一点”，这就迫使企业改进工作、提高质量、降低成本，不断创新，不断提高工作效率，持续努力地使大众真正感到满意、享受财富，由此随之而来的将是更多的认可与回报，这就是优秀企业的竞争、壮大和成为“百年老店”之道。我将这个“得到之道”称之为“反而思维”。我认为，“反而思维”才是“正道”和“王道”。无论商业环境如何变换，企业只要以为大众谋取财富为其文化，就会不断地通过过滤和积淀打造本身持久的竞争力。

我们必须清楚，企业及其员工的生存是由消费者决定的。企业与员工都不可能在同样水平的重复中得到的越来越多，他得到的是“付出多一点、贡献多一点”的副产品。在这样的氛围里，应当始终鼓励挑战、支持创新，鼓励这样的“得到”。企业只有首先对大众和社会负责，对企业本身负责，进而才能对其成员负责。

因为消费者的需求在不断变化，企业必须不断满足这种需求，因此，企业和企业文化就必须随着他们的进步而进步。但是，企业文化一旦形成，就具备了相对的稳定性。在优秀企业的主导文化中，滤去大众文化，凸现的应该是诚信、学习、创新和意志力，彰显的应当是诚信、奉献和发展的品格。这些最基本的东西是任何时候都不会变化的。由这样的价值观形成的企业文化，才会培育出大批充满持久激情的创造者，这才是企业持续积累、创新和不断发展的基石。员工在这样的企业中，经过艰苦磨练和努力奉献，就会进入和企业共同发展的快车道，就会拥有更大的空间和天地。这才是所有“百年老店”共同的DNA。在这样的企业中，员工有两个发展方向，一个是在同一水平上做得更好，一个是在更高水平上做得更大。优秀企业的成长将为有志者搭建更多更大的平台。伴随着优秀企业的成长，优秀员工将会得到比当初期望更大的增值。这就是优秀企业、优秀员工的“得到之道”。到了这个高度，所有“百年老店”便都是一样的，因为上升到哲学层面，其实优秀企业都是一样的。

第一章

1 刘永行说创业

站在“敬畏大自然”的高度去做事业

[提要]

诚信、正气、正义

企业管控的关键是什么？就是信息透明。信息透明就好管控，没有徇私舞弊的东西，大家按照标准来做。“标准化+透明化”就是管控。企业的标准是什么，必须让它透明，我们每个企业的最高负责人首先要做到。

东方希望价值观的第一条是“诚信、正气、正义”。企业内部要有正气，对外要有正义感。很多企业管不好，就是一把手做得不规范。不透明化、不规范化、不标准化，企业就发展不大。我认为，内部管控首先是董事长、一把手要规范，自己规范了才能要求下属。

诚信、正气、正义是我们价值观的核心，也是出发点。

诚信是做人做事的根本，在市场经济条件下，没有诚信就难以长期生存，市场以诚信为标准进行着自然进化。在市场经济环境下，消费者有选择权，你欺骗了他，他就会把你淘汰掉。市场在净化过程中，只有诚信的企业才能得以生存和发展。

我们在团队中要培养正气，正气上升，消极的东西就没有生存之地，也才便于激发大家的潜能。

正义所涵盖的范围更广一些，因为我们不仅仅生活在家庭和团队中，还生活在社会里。作为社会的一员，我们应该有正义感。正义是做人的基础，也是企业发展的基础。

[释义]

按照大自然的规律做事，就是要用人类积淀的科学原理来指导我们做事。大自然不会讲话，但有行动，这是达尔文进化论的经济版，所有违反大自然规律的事情都将受到惩罚。大自然形成的东西一定有它的道理，特别是经过大自然长时间调整下来的东西一定是真理，一定是美的。凡是不合理的东西，大自然都会将它修饰得合理。

刘永行先生喜欢读书，但没有一定之规，他很少读大部头的管理类书籍。他很少看电视，但“动物世界”和“探索”之类除外。他喜欢通过动物之间的生物链去理解企业竞争。在企业管理上，他更多的是一个社会达尔文主义者。

东方希望早年兴办饲料厂时，便尽可能地少用土地，因为土地是不可再生的资源，要一省再省。但他又不是墨守成规，他将饲料厂集中在一起，留出一半，让土地增值。在设计重庆的水泥项目时，他充分利用山体高度形成的势能，将原料从山上运输到山下，大大节约了成本。他说，企业精益求精、节能减排就是在遵从大自然的规律。大自然有无穷的力量，无所不能的力量，你做好他便奖励你，你做差他迟早会惩罚你！

刘永行先生说，为了人类的生存与发展，我们当然也要向大自然索取一些东西，但一定要在必要时才索取。他说，我仔细研究过“进化论”，我发现狼、兔子、草之间存在着天然的平衡关系，狼要有一定的激进基因，要勇于去猎食兔子，但索取要采取审慎原则，吃饱了就不能再去捕猎，如果无节制地猎取兔子，最终将会导致自己的消亡。从这个案例可以看出，激进基因（要去吃兔子）与保守基因（不能将所有兔子都咬死）要结合在一起。反映到企业经营中，过度获取土地、银行贷款、过度投资都是对大自然的过度索取，都是违反“进化论”的。

人是大自然的精华，因此，保证员工安全，提高工作效率，将人的潜能充分激发出来，把普通员工培养成优秀人才，帮助他们做成更大的事业，就是尊重人，就是顺应大自然。

站在“敬畏大自然”的高度去做事业

在东方希望，我们是根据四大观念来做事的，但四大观念又是怎么形成的呢？其依据是什么？就是我们的宇宙观、世界观、人生观。很多年来，我一直在思考人和大自然的关系，并把这种关系运用到生产实践，用于指导企业经营，这就是东方希望的经营哲学。

宇宙已经存在100亿年了，而人类文明才不过7000多年。与宇宙相比，人类的历史很短很短，可以说就像流星闪过一样。是大自然创造了地球，创造了人类，也创造了我们每个人。

我们是大自然的产物，更是大自然的精华。人类本身就是大自然的一部分，我们的行为必须遵从大自然的规律。在大自然面前，人类是十分渺小的，我们一定要弄清楚这一点。不然，当我们取得了一点点成绩时，就会头脑发昏，就会过多地索取，就会对大自然进行破坏，结果就会遭到大自然的惩罚。

人类只是大自然构成中微不足道的一点点，我们没有理由更没有能力提出征服大自然的狂妄口号。有这样的观念就一定会犯错误，历史上类似的教训非常深刻，尤其是在我国。

我是无神论者，如果说有神，我认为大自然就是神！在此基础上，我总结出了东方希望的经营哲学：敬畏大自然。

我们要战胜的是困难而不是战天斗地，在浩瀚的大自然面前，我们是没有能力改变大自然的，有的仅仅是短暂的破坏。大自然的力量不可战胜，我们必须心怀敬畏，顺应大自然。

按照大自然的规律做事，首先必须学习人类研究出来的科学原理，用以指导我们做事。大自然不会讲话，但有行动，这是达尔文进化论的经济版，所有违抗大自然的事情都将受到惩罚。

大自然形成的东西一定有其道理，一定是对的，特别是大自然经过长时间调整的东西一定是真理，一定是美的。美来自大自然的规律，而非人工。什么山最美？黄山！什么河最美？长江！什么地方的水最美？九寨沟！就连看起来毫无生气的沙漠也有它苍凉的美。不合理的东西，在历史长河中，大自然都会把它修饰得合理，包括人类，也包括星球。

我们必须读懂大自然给我们的启示，努力争取大自然给我们的奖赏。东方希望精益求精、节能减排、不断创新，就是遵从大自然规律的结果。大自然就是我们的神。神有无穷的力量，无所不能的力量，你做好了就奖励你，你做得差就惩罚你。大自然奖励你时没有一点儿私心杂念，惩罚你时也没有商量的余地！

为了人类发展的需要，我们对大自然是有所索取，但必须坚持必要原则，尽可能地减少对大自然的索取。如果不这样做，我们的企业就没有前途。

我们的四大观念是东方希望发展和员工成功的充分必要条件，我们的所有观念都建立在东方希望经营哲学的基础之上。

大自然最精华的部分是人，不是只有天才才能做事。保证员工安全，提高工作效率，将人的潜能充分激发出来，按照“英雄基因理论”，把普通员工培养成优秀人才，帮助他们做成更大的事业，就是尊重人，就是顺应大自然。土地是不可再生资源，我们在投资中必须非常认真研究，一省再省。我们要做超越节能减排的事情，只有站在“敬畏大自然”的高度去做事业，才能充分利用大自然的力量。

做言行美好有文化的人

我父亲1938年在重庆参加了中共地下党，后来国民党要抓他，组织上就把他转移到了成都，与当时的成都市委书记单线联系。后来，该书记牺牲了，父亲与组织失去了联系，便参加了民盟，他也因此招致了很多“说不清”的麻烦。文革中，“五一六”通知下来时我正在上高中，身体已经不太好的父亲把我拉到床前说：“以后麻烦了，现在横扫一切牛鬼蛇神，牛鬼蛇神的定义是什么？第一个是地主，第二个就是资产阶级知识分子。什么是资产阶级知识分子？除了贫下中农、工人和共产党的干部，所有民主党派都是。所以，我也会被划成资产阶级知识分子，可能以后的日子会比较难过。”

1971年，我从自己安装的短波收音机里听到台湾电台的报道——有中国飞机在外蒙古坠毁，可能是高官叛逃，怀疑是林彪一家。我连听了三天，并从其他国外电台得到了证实，就跑去告诉父亲。当时正在“五七干校”放羊的父亲立即带上我去喝羊肉汤，以示庆祝。他一边喝一边讲，看得出，他兴奋中还夹杂着担忧：“也可能不好，中国经济有可能发生动荡。”他说：“中国没有钱，但中国劳动力便宜，可以做来料加工，让外国人在中国开厂，让中国人生产，再卖到外国去。”那时对这些我完全听不懂，但却留下了很深的印象。父亲是个讲究科学、爱好学习的人，他思维敏捷，非常善于思考。

1978年，十一届三中全会召开，一场空前的历史性转折来临。1979年，在弥留之际，父亲把我们几兄弟拉到床前说：“我不行了，但你们赶上了一个好时代，一定要好好学习，珍惜这个好机会。”

自幼养成的习惯和思维方式使我们形成了超前观念，并勇于行动。当然，还必须加上生活简单、头脑复杂的生活方式。在后来为企业制定战略时，对政治的敏感使我们总能超前半步。同时，为了规避风险，在战术上总要提早准备几个预案：最好的、次好的、中间的、较差的、最差的。当失败的预案出现后你得接受，我们必须非常理性，在现有条件下争取最好的结果。

生性豁达的父亲从不抱怨，他时常勉励我们说，我们无法改变这个社会，但社会总会变化，如果你去抱怨社会或去反社会，必然自暴自弃。我们能做的就是充实自己，等待机会。除了人生态度，父亲对我们的另一个影响是好学。在我们很小的时候，父亲就给我们买了很多书。我们家很穷，但是与其他家庭相比，就是书多。记得还没有上学时，父亲就替我订阅了一份《少年报》，从上小学开始就让我看《参考消息》，之后还陆续为我订阅了《少年无线报》，购买了《科学家谈21世纪》、《少年电工》和《十万个为什么》等书，并以此奠定了我的理工底子。那时卧病在床的父亲每天早晚还会为我讲唐诗宋词。小学三年级以前，他就已经把高中语法和修辞学全部给我讲完了。高考时虽然我报的是理工科，语文却拿了全县第一。

大家都知道，我们四兄弟的名字分别是言、行、美、好。我妹妹的名字是红，原来叫化，文化的化，后来因“化”跟“华”在四川发音分不清，便改为红了。从我们的名字里可以看出父母对我们的期望，他们传授给我们的价值观就是“做言行美好有文化的人”。

非常有意思的是，我们四兄弟的个性跟各自的名字居然十分契合，而且是互补的，这也是我们在共同创业时能够各取所长并取得成功的一个因素。大哥永言擅长发号施令，创业的思路就是他提出来的，当快要灰心时他总是鼓励我们前进，他是科技界的企业家，有很多超前思想；我叫永行，永远把事情落到实处，努力、勤劳，是个做事情的人；三弟永美总能把事情做得尽善尽美；四弟永好善于沟通协调，做企业形象宣传十分了得。这在父母为我们取名时似乎就已经定格了，实在有趣。

我三弟也叫陈育新，推陈出新。这里还有一个故事，这故事还得从我说起。我两岁时新津解放了，有文化、有知识的父亲参加了政府工作，是土改工作团的团长。当时国家干部没有工资，就靠我母亲当小学教师的收入，根本不够养家糊口。无奈中父母就把我送给了一个姓郑的布商。送出去几个月后，我又被送了回来，因为我的腿被摔坏了。由于没有得到及时治疗，还留下了后遗症。这对我既是坏事也是好事，不然我不知道将会受到什么教育，我的人生必然也会因此改变。这时家里有三个孩子，三弟还很小，母亲又要教书，又要做家务，而经济状况又不允许请人。父亲搞土改的地方有一个姓陈的农会主席，因为只有两个女儿，很想要个男孩子，他后来抱养了我三弟。就这样，在我被送回来之后，三弟又被送给了陈家，改叫陈顺民，我父亲对这个名字不太满意，他说应该取个有点意义的名字。后来，三弟和他陈家的父亲特意到城里来找我父亲改名。父亲毕竟是有文化的人，思想也很先进，他说，陈和新是对立的，推陈出新，变革创新，那就叫陈育新吧！

光从名字就可知道父母给我们从小灌输的价值观了，他们想传给我们的东西全都蕴含在里面了。这些价值观一直影响着我们，成了我们后来事业发展的根基。

我渴望让家人过上丰衣足食的生活

我是1978年国家恢复高考后考上大学的，那时已经有了孩子，全家人的生活重担都压在了妻子身上。

1980年春节前夕，邻居都在准备过年的食物了，我家没钱，心里也早就打消了“打牙祭”的念头。但四岁的儿子看到人家有那么多香肠腊肉，也嚷嚷着要吃。想到儿子正在长身体，我们应该尽量满足他的这个需要。那年头鹅肉便宜，我花两元钱买了一只八斤重的大白鹅，放在枯水池里。儿子说大白鹅孤零零地被关在里面实在太可怜了，于是哭闹着把大白鹅放了出来，任其在院子里大摇大摆地走来走去，等到晚上准备宰杀时却怎么也找不到鹅了。

经历过如此困顿的生活，我渴望让家人过上丰衣足食的生活。作为知识分子，我唯一可以借助的就是自己的聪明才智。在一个热心邻居的鼓励和帮助下，我用自己修理电器的手艺在街上摆了个小摊子。刚开始我还不好意思，邻居鼓励我说学生勤工俭学不用缴税，国家是支持的，又热情地帮我写了广告牌。结果不到10天，我就挣了300多元钱，这几乎是我一年的工资啊！当时我感觉自己发财了，原来钱还能这么挣！这件事对我触动很大，于是，我便开始思考如何凭借聪明才智来摆脱贫困生活了。

这个春节对我一生都有影响。我想，只要你付出，只要你为社会创造价值，社会就会给你回报。这件事让我记忆深刻，可以说是我创业冲动的源头，也可以说奠定了我创业的思想基础。

第一次创业被扼杀在萌芽之中

人们都知道希望集团是1982年依靠1000元养鹌鹑起家的，其实在这之前，我们就有一次失败的创业经历。

我们一开始并没有想到要去农村搞养殖业。我们兄弟几个的兴趣和专长多在电子技术上。那年春节我们几个兄弟在一起商量，大哥提议说："既然永行能凭技术赚那么多钱，我们都懂电子技术，为什么不去创业呢？"商量的结果就是成立一家"新异"电子公司。我大哥特别崇拜爱迪生，我受大哥的影响也崇拜爱迪生。因为崇拜爱迪生，我们便把筹建中的电子工厂命名为"新异"公司，就是想以GE为榜样。当时很多人还不知道通用公司，我们就已经准备用这个名字申请注册商标了。

创业的冲动一形成便马上化为一系列行动，首先是解决资金问题。于是，家在农村的三弟陈育新回家召开了一个特别动员会，想发动当地农民集资入股，来创办“新异”电子公司。我父亲20世纪50年代在那里搞土改，我母亲也在那里教书，都很有人望，加上三弟的养父曾是当地的农会主席，所以大家都很信任我们四兄弟，很快就凑了3000元钱给我们。

这很不容易，因为当时大家都很穷，收入不过两毛多一个劳动日。后来大家又做了很多准备，连公司章程都写好了，但我们申请注册时却没有被批准。就这样，第一次创业被扼杀在萌芽之中。但是，这种创业动机一直埋藏在我们心里，直到1982年三弟从四川农学院毕业出来。当时不是国家号召农村发展专业户嘛，城里没有条件创业，我们便到农村去。到农村之后做什么呢？贷款贷不了，我们便把自己身上值钱的物品卖掉，筹集了1000块钱。1000块钱能干什么呢？我们先后尝试过种蔬菜、孵小鸡、养鹌鹑，后来在养鹌鹑上实现了突破，获取了创业的第一桶金，一直到1988年进入饲料行业。

差点儿陷入灭顶之灾

鹌鹑养殖起来之后，我们就买了孵化机。1983年初，政府号召农民搞专业户，我们就把目标瞄准了养殖专业户。这时农民都开始养鸡了，但供应鸡苗这个市场不成体系，我们就开始孵鸡。

当初搞孵化没有电，我们用蜂窝煤来加温，用纤维板把棉被钉在墙上来保温。没有种蛋，我们就订蛋，订蛋就是交点订金，把农民的种蛋拿来孵，孵出来卖了鸡再把钱给农民。孵出来怎么办呢？要卖小鸡。我们开始做广告，我们印了一个广告——良种鸡、良种鹌鹑在新津育新良种场。这个广告两分钱一张，我们花了20元钱，印了1000张，到处去贴。广告贴出去后生意居然来了，多数是这个订30只那个订50只，有一天突然来了一个大户，他说要订10万只，把我吓了一跳，但他说先要2万只，共交了1300元订金，其余的说好提货给钱，并约定第一批货6月15日取。这个大生意做成了，而且第一次收了1300块钱，我高兴得不得了。结果到后来一场空，还差点儿让我们陷入灭顶之灾。因为订了大单，我们把后来的生意都推掉了。6月12日我们发电报给对方，一切正常。时间到了，他开了个车来，我们把上万只小鸡抬出去，当地农民看到那么大的生意，简直不得了，一下子轰动了县城。鸡装上了，他给了一张汇票，我们高兴得不得了，赶紧拿到银行去解汇，银行说可能还要两三天，可一周过去了还没有到，银行说可能有问题，让我们去看一下。我让表叔和一个懂行的人去了，他们回来说麻烦了，汇票是假的，鸡也死了，这可怎么办?

于是，我赶公共汽车到了乐至县，下车后又走了十几里路，首先找到信用社把汇票拿给他们看，信用社承认没有汇出来，我非常气愤。我当即又赶到这个养殖户家里，进门一看，他家里刚刚遭受了一场蛮大的火灾，鸡场和房屋被一把火烧了个精光，全家人正木然地坐在家中，不知如何是好。原来他是想先把小鸡骗到手，然后养一段时间再转手倒卖，赚了钱再说还不还或还多少，没想到却成这样。他老婆说他不在，旁边的人说你不要找他了，他已经要死要活的了。有资料说当时这个养殖户给我跪下了，其实第一次我没有见到他，是他老婆给我跪下了。因为他是做鸡生意的，自己搞孵化，结果孵的鸡死光了，就想将我们的鸡卖了再说，所以拿回来心就是虚的，鸡一装上车他就用塑料布蒙住，结果到家都蒙死了。他现在只有一座烂房子，他老婆跪着说请我们原谅，以后变牛变马都要报答我们，遇到这种情况你说怎么办呢？我只好无声地退了出来。当时的心情简直是糟糕透了，因为我们的种蛋都是赊农民的，孵化室还有上万只小鸡要出来，我们还收了蛋，还在上，这几万只鸡又怎么办呢？还不起我们破产是小事，但农民的钱要还呀！我们只有自己卖！于是，陈育新守着家，我担着个箩筐，成天游走于成都市的大街小巷，刘永好也会抽空来看看，他还在街头为我写了一个广告牌。卖完了鸡，我就去大哥那里休息一会儿。6月15日正是农忙时节，我们一天只能卖几只，县城的人不养了，农村的人更不养了。很快没有钱了，要喂小鸡只有买玉米面了。到最后心头焦急得不得了，究竟怎么办呢？我急中生智，想到是不是可以到城里去卖呢？因为那时工资低，城里人也在房前屋后养一些鸡，以改善生活。说干就干，第二天一早我就赶最早一班公共汽车到成都青石桥去卖。我学了很多养鸡方面的知识，我一边卖一边讲，本来买三只的买五只，买五只的买十只，第一天就把1500只鸡卖完了，而与我同去的几个农民却总共只卖出了100多只，因为他们不会讲该怎么养。此后我就一个人去卖，其他人只帮我搞运输。最后我才明白了一个道理，不少城里人养鸡他不管农忙不农忙，他们一直有这个习惯。另一方面，就是农忙了，农村没有人卖鸡了，整个市场就我们一家卖，再加上我们会推销，结果就让我们喜出望外。

卖了一段时间，我们的鸡全部卖完了。因为我们是集中处理，卖价肯定便宜，由于后期还需要饲料，玉米喂久了也不行，所以卖得比较便宜。尽管便宜，我们还是把农民的钱还完了。还完农民的钱，我们四兄弟每人还分了80块钱。这是我们几兄弟最困难，也是最团结的时候。我们同甘苦、共患难，共同承担了所有的风雨。可贵的是我们并没有因此而善罢甘休。我们在总结经验教训后，又继续满怀激情地干了起来。

我们就是这样一步一步走出来的

通过非常艰难的努力，我们花了七年时间，在新津创建一个大型鹌鹑养殖基地。当时要说大跟现在比起来，可以说是小得不得了。为什么呢？因为现在大型养鸡场可以养几千万只鸡，新津当时最多也就养了1000万只，但这就成了全国最大的鹌鹑养殖基地。当时我们感到必须转变经营方式了，因为我们征地不可能了，我们只有13亩地，我们养了13万只种鹌鹑，这方面我们已经发挥到了顶点，我们就搞鹌鹑饲料研究，由此进入了饲料业。

我们研究了七年饲料，做了大量实验，我们认为饲料业能够快速发展，这是我们的优势。1988年以前，四川省的鸡饲料都是国家垄断的，国家都是将平价饲料卖给农民，农民再把鸡蛋卖给国家，按照这样的体系我们是不能搞蛋鸡饲料的，但鹌鹑饲料和蛋鸡饲料非常接近，我们在研究鹌鹑饲料时也在研究蛋鸡饲料。1988年国家取消了平价蛋、平价粮，给了我们一个机会。更大的机会是1988年的涨价风，那时生产蛋鸡饲料的都是国有饲料厂，但原料一涨价这些饲料厂就没有办法了，而农民养鸡却不能缺饲料，市场有这个需求，我们也能生产，我们就填补了这个空白。只用了两个月时间，我们就占领了成都市蛋鸡饲料70%以上的市场。当初市场逼着我们练就了这样的本领，贷不到款看起来是困境，实际上锻炼了我们向市场要钱的能力。

1989年转产饲料，我们通过对鹌鹑饲料和蛋鸡饲料的研究，已经把技术搞过关了，自认为技术达到了外资企业的水平。我们在自已的养猪场做实验，拿到农民那里做实验，效果都一样，但成本更低一些。

四川有“猪粮安天下”之说，但当时有一个神话，就是高档猪饲料只有外资企业才能生产。当时农民养猪，乳猪一般60天只能长到12斤，而用外资企业的饲料则可以达到20斤。当时，外资企业垄断了中国高档猪料市场，价格不断上涨，农民是又喜又怕，喜欢这个饲料好，又害怕用了之后赚不到钱，因为外资企业把成本给你算得很好，只给你一点点利润，多的利润他都拿走了。当时据说外资企业一家工厂一年赚去的利润是3个亿，为什么我们中国的企业就不能生产呢？市场在呼唤这样的产品，我们又是从事饲料生产的，所以我们就进行了研究。1989年，我们董事会进行了讨论，我们决定把鹌鹑杀掉，专搞饲料。做出这个决定后，我们在三个月之内就试生产出了自己的高档猪料。我们在成都郊区建立了一百多个试验点，我们送两袋饲料，让他们把时间、重量记下来，效果非常好。三个月之后我们的月销量就达到了1000多吨。这1000多吨现在看起来没有什么，但那时已经非常了不起了，因为外资企业在成都投资几千万，搞了四五年，销量也只有1000多吨，所以我们信心大增。这时，我们与外资企业迎面相遇了。以前他们都是涨价，现在开始降价了，他们降20元，我们也降20元，他们再降20元，我们也跟着降20元。很明显，他们要阻止我们进入这个市场，所以我们必须采取主动行动。于是，我们一次性将价格降到成本线，以充分发挥我们低成本的优势。三个月之后，我们的月销量急剧上升，达到4500吨，外资企业只有1500吨。1990年3月，成都这家外资企业的原料部经理找我说，四川的市场很大，我们这样恶性竞争对双方都没有利，我们应该共同扩大市场，我们需要的就是这句话。实际上我们已经盈利了，并且非常好，而我们的竞争对手没有盈利。到1990年，我们的饲料销量达到6万多吨，成了西南地区销量最大的公司，而且取得了非常好的效益。

我们的竞争对手当时并不知道我们有多少资金，那时如果他们再坚持几个月我们就麻烦了。我们之所以敢打这场价格战，就是我们的竞争对手不知道我们有多少资金。我们当时从银行借不到钱，都是靠自有资金滚动发展。当时我们对外宣传我们有1000万元资金，为的就是怕竞争对手知道我们的底细，实际上我们当时只有300万元。在运作初期我们运用了一点技巧，这是民营企业发展初期需要用的一点技巧，后来发展大了就不需要这些了，就需要实实在在地降低成本，生产对客户好处更大的产品。

接下来，1991年我们销售了10万吨饲料，1992年我们销售了13万吨饲料。在1992年的董事会上，我提出了一个观点：我们从养殖鹌鹑到生产饲料，实现了从农业到工业的转变，这个经验能不能铺到全国去，我们可不可以把我们的优势像竞争对手那样铺到全国各地去。当时没有资本经营的概念，我就说我们要转变一种经营方式，把企业经营，就是原料、生产、销售转变成经营企业，就是管一个一个工厂。我们在董事会上取得了共识，大家赞同我这个观点，同时我大哥提出来希望集团不仅要搞饲料，还应该搞一些高科技的东西。因为他一直在从事高科技研究，所以他后来成立了大陆希望集团，全心全意来做这方面的工作。我三弟除了管理原有的企业，还想搞一点房地产。我和四弟刘永好就开始在全国各地办分工厂，第一个分工厂就建在重庆，这个工厂100天建成，1994年产值超过一个亿，成为重庆市最大的私营企业。这是我们走向全国的开端。

一份《告全县人民书》

我们刚刚生产鹌鹑饲料时，由于非常受市场欢迎，排队的人太多了，把我们开票房的门窗都挤烂了。有些老大爷排了几天队，非常不容易。当时我们还不知道用经销商来销售，一开始就直接零售，这样把利益让给农民，但开票就成了大问题。一开始发号票，马上就有人开始炒了，于是我们只好请警察来维持秩序，结果还是不行。于是有人出了个主意——用砖修了个“雕堡”，在里面发号票。开始还可以，但两个小时以后，就有人从外面丢石头，把发号票的小伙子砸伤了，结果“雕堡”也只好废弃了。最后我想了个办法，不零售了，建立销售网点，搞批发，当时没有这个概念，结果政府同意了。我们没有办法，政府出面确定一个乡设几个点，我们大概设了100个点，每天我们只供应这100个点，我们每吨赚了20元钱，不但解决了这个危机，而且这个网络后来还成了我们事业发展的基础。

到1986年6月，鹌鹑养殖情况开始发生变化。当时我们发觉不正常了，原先预计400万只就已经产销平衡了。由于家家户户都赚钱，问题就产生了，农民成了万元户，城里人看了就眼红了，城里的教师、干部也开始养鹌鹑了，连机关、部队都开始养鹌鹑了。他们的力量很大，他们可以把买彩电的钱拿来买鹌鹑，但我觉得危机就要出现了，大家都想搞孵化，种蛋急剧膨胀，这时不出问题才是怪事。所以，从9月开始，我就和陈育新商量，虽然说我们可以从中赚钱，但会造成灾难，我们要向所有人讲清楚，所以从9月开始养鹌鹑的，我们无一例外地劝他们不要养了，但当时没有几个人听得进去。当时全县统计鹌鹑养殖量已经达到了1000万只，我们向县委县政府作了汇报，认为将会出现危机。12月1日，我和陈育新商量要写一个“告全县人民书”，给大家分析一下饲料供应和鹌鹑蛋市场。我们把这个“告全县人民书”贴在公司门口，同时报给县委县政府，还照了像。我们认为这个局面如果制止不了，将会出现很大的危机。后来县委县政府发了个通告，规定党政机关不准养鹌鹑，但这恰恰成了导火索，这个信号出来之后，那些投机的全都开始抛售，结果小鹌鹑一钱不值，有些卖不掉就倒到河里了，那些农民就骂起来了，大骂陈育新，我就占了便宜，没有人骂我，他们不知道有个刘永行，都认为刘永行是给陈育新打工的，陈育新受到了很大的压力。不管怎样，这个产业是我们掀起的，虽说最后的结果我们并不承担责任，政府也没有把任何责任推到我们身上，但我们心里不好受。

当时在新津，机关干部讲的是鹌鹑，老师上课上着上着说该翻鹌鹑蛋了，医生把脉心里也想着该翻鹌鹑蛋了，全县到处都在讲鹌鹑，这个不是笑话，实实在在就是这样。后来新津人接受了这个市场经济的教训，较早地成熟了起来，因此，公平的市场也给了新津另一个回报——成了成都民营经济发展最好的区县。

希望集团就是从这80多只鹌鹑发展起来的

从1982年8月开始，我们的创业有了记录。我们当初的投入只有1000元钱，每分钱的支出和收入都记得清清楚楚。我记得，经过3个月筹备，我们第一笔生意是卖了10元钱，接着几天也是10元、20元钱，这样一直到1983年元月，因为当初我们养了几百只鹌鹑，成活的只有80多只，希望集团就是从这80多只鹌鹑发展起来的。这80多只鹌鹑产的蛋能卖多少钱呢？每个能卖七八分钱，八八六块四，我们的生意就那么小。我们每天仅仅收入六块多钱，两三天卖一次蛋，有十来元钱，希望集团就是靠每天几元钱发展到现在的。

我提这件事想说明什么问题呢？并不是说我们每个人都要经历希望集团这个创业的艰辛历程，而是想说明，只要持之以恒就能做成大事。我们用1000元钱投入，三个月开始有了收入，半年之后每天的收入只有几元钱，连本钱都不够，实际上是亏损的，因为我们几个人的劳动力投入，我们吃饭的饭钱，这几元钱是远远不够的。但是，希望集团就是靠这1000元钱的投入，靠三个月之后每天几元钱的收入，一直发展到现在的希望集团，这中间如果我们放弃或者急于求成的话，就没有希望集团了。就是说，我们坚持做小事，做好每件小事，把每件小事都做好，我们就能够做成大事。希望集团的发展没有哪天有太大的辉煌，没有哪天是跳跃性增长的，就是靠点点滴滴的苦干，靠点点滴滴的积累，我们可以从中悟出一些道理。因为我们把目标看得比较远，扎扎实实地做艰难的事，扎扎实实做人家所不愿做的事情，做人家看不起的事，做看起来是微不足道的事，而不是想象的做轰轰烈烈的事，我们反而把事业做得轰轰烈烈。我认为这中间是很有道理的，这也说明了一个问题，就是持续不断地做小事，把小事积累起来，就建成了今天希望集团的高楼大厦。所以说，我一直主张做小事，要成大业者必须先沉下来，扎扎实实地做好每件小事，做好每件甚至人家瞧不起的小事，从中间悟出道理，从中间增长才干，从中间锤炼自己。

现在开始起作用的，最重要的就是成本

1982年前后，国家号召农村发展专业户，城市发展个体户。这些行业都是大家所不愿做的，当初许多人都是不得已而为之。一部分无业人员，因为生活在社会最底层，他们没有别的出路，不得不走上这条路。但那时竞争相对比较弱，社会需求相对比较大，好些一下子就成功了。当时我们敢于甩掉“铁饭碗”下海，并不是说我刘永行有什么了不起，并不是说希望集团四兄弟有什么了不起，而是我们靠胆识抓住了机遇，取得了成功。

1991年国家组织二十多个省市在湖南常德进行攻关，就是乳猪饲料的研究开发，几乎跟我们是同时进行的，但我们1990年就取得了突破，掌握了当时还非常神秘的乳猪饲料生产技术，可以生产与国际先进水平相抗衡的产品，再加上我们的市场运作经验，加上我们的资金优势，我们开始办饲料厂。当时我们的竞争对手就只有外资企业，这时的竞争主要还是靠技术。

从1992年到1995年这个阶段，中国通货膨胀，各种物资供不应求，属于买方市场，这时靠什么取得成功，主要是生产规模，你能生产出多少就能卖多少，饲料紧俏、涨价，于是我们扩大了生产规模，当时我们的成功靠胆识垫底，靠技术作后盾，靠资金作武器，最终靠规模取得了成功。

从1995年开始到1998年底，中国经济全面进入买方市场，各种条件都差不多，胆识已经不成为竞争的主要力量了，生产规模过剩了，技术趋同了，这时的竞争靠什么？靠营销。由于进入了买方经济，由消费者来决定购买谁的东西，因此，争取消费者就成了厂家的主要手段，

这时营销队伍加强了。1992年，我们有了专门的销售员，墙壁广告也被我们推向了极致，我们还成了四川电视台最大的广告客户。接下来中央电视台的标王出现了，营销决定着企业的成败。刚开始大家不搞营销，你搞消费者就很注意你，就来买你的了。但当消费者发现你的产品不过如此之后，就不是市场营销决定一切了，市场便会经历一个返璞归真的过程。

下一步的竞争靠什么？我反复思考后终于明白了，在生产资料这个领域，不包括特殊消费品，也不包括生活领域的消费品，在水泥、钢材、粮食、饲料、面粉、石油、煤炭行业，竞争的关键在于成本。为什么这样说呢？难道说技术不重要吗？生产规模不重要吗？问题是技术已经趋同了，技术上要再取得新突破谈何容易，特别是在生产资料领域。大多数工厂生产能力过剩，而且新增加生产规模不在话下。我们如果要把生产规模扩展到1000万吨，也许下一年就能实现，那是很容易的，但销得出去吗？在这种情况下，市场营销的作用也在减弱。现在开始起作用的，最重要的就是成本。

我们是这样走上饲料生产之路的

我们逐步发展起来之后，大概是1985年，我大哥提出来我们还是回报村民一下，我们用两年时间，主动花了几万元钱，把水泥路修到了古家村的每家每户。当时我们刚开始赚钱，与村民的关系维持得非常好，新津县委、县政府非常支持我们。第一年同意我们去农村，第二年就重视起来了，召开了很多现场会，有时县委书记一天要跑好几次，后来还把四川省委书记、省长，把很多厅长、局长都带来了。有一次，我们一下子接待了400多位县委书记、县长，有的县县委书记、县长都来了。这样做，我们没有花一分钱广告费，但名声已经非常大了。

我们养鹌鹑需要饲料，当时国有企业没有生产鹌鹑饲料的，我们从一开始就不断想办法降低成本，把质量提高，慢慢地，我们的鹌鹑饲料就成了成都第一家，没有人能跟我们竞争。当时每天有100多吨的鹌鹑饲料市场，我们一家就占了80吨。

1988年涨价风时，我们正在发展蛋鸡饲料。当时国家取消了蛋鸡饲料粮，我们取得了平等地位，我们的蛋鸡饲料终于可以进入市场了。涨价风来临时，玉米从一毛三涨到三毛九，这时国有饲料厂不做了，但蛋鸡要吃饲料，所以农民希望我们供应，四川省畜牧局局长找到我们，说你们鹌鹑饲料生产得那么好，你们一定能够生产蛋鸡饲料，希望你们供应蛋鸡饲料，这正中我们下怀。我们迅速将蛋鸡饲料打向温江、双流市场，一举占领了蛋鸡饲料70%左右的市场。我们在还没有正式成立饲料厂之前，每天就已经有100多吨饲料的销售了，那时我们以育新良种场的名义在生产。到后来，国有饲料企业开始醒悟了，他们也进入了饲料市场，我们的销量开始下降，这时我们认真研究了一下发展问题。当时我说鹌鹑饲料成功了，蛋鸡饲料成功了，剩下的就是猪饲料了。

猪饲料生产最难，当时农民希望我们生产高档猪饲料，但我们一直生产不出来，因为没有技术。大家有一种观念，就是高档猪饲料只有外资企业才能生产出来。外资企业用乳猪饲料打开了市场，农民非常欢迎，但由于没有竞争，市场也不是太大，因此，他们将利润提得很高。

我们怎么办呢？我们找到了猪的营养标准，饲料生产出来了，但就是不行。接下来怎么办呢？我一直在想办法。大概花了一年时间，我每天晚上都在翻资料，凡是有关猪饲料的资料我都摘录下来，反复研究。我想，如果这些内容是真的，那它们一定有交叉点。我发现，书刊上的多数办法都是错的，虽然有一点用，但都不是关键点。最后，我将各种资料打成表格，用统计方法找到了共同点，最后终于搞清楚了：无非就是氨基酸平衡、维生素平衡、蛋白质平衡。之后我们重新做了试验，我亲自去称猪，十几天称一次，养猪户说效果非常好，与外资企业几乎没有什么区别。

接下来，我们就找到了大约100家养猪户，把饲料送给他们，请他们代销，就说你卖了钱给我们，试验数据也给我们，结果都成功了，我们很快打开了销路，很快就供不应求了。我们没有多少设备，每天只能生产20多吨高档猪料，着急得不得了。于是，我们想出去看看人家是怎么做的，于是，我和刘永好先到了广东，之后刘永好还到了江苏，知道有个粮机厂在生产制粒机，我们买来之后打出来就供应，那时就开始排长队了，一直排到1995年。到1989年3月，我们的销量达到了1000多吨，大体上与外资企业持平了。

1984年，外资企业的副总到新津跟我见面，当时他希望我们当肉鸡养殖示范户，我没有同意。他们的饲料厂1984年投产，一直到1989年，销量只有1000多吨，我们1989年3月就跟他们持平了，这引起了他们注意。他们以前都是涨价，这次连降三次，每次都降20元，无非是想把我们逼死。我们算了一下成本，决定一次性直降到位。当时我们对外宣传有1000万元资金，实际上当初只有300多万元，我们拿了100多万元买设备，实际上只有200万元流动资金。当时没有贷款的习惯，我们就凭这200万元来打，如果对手知道我们的底细，他们就会把我们挤死。当时我们通过经销商把这个消息传递了出去，先在舆论上做准备，让他们不敢小视我们，让他们不敢轻举妄动，而且我们率先降价，直降120元，同时以前的口袋都不回收了，实际上降了140元。这下他们傻了，因为生产成本高，他们不敢大幅降价。我们虽然降到了盈亏线，但原料降价了，销量扩大了，结果我们押宝押对了。元月份底我们去澳大利亚、斐济考查，一个多月后回来，当时由于电话不通，不知道消息，我们回来时是傍晚了，我看到路上几分钟一辆车，口袋下面都是“希望”两个大字，我想我们赢了。当时这样设计包装的目的是起广告作用，这是我亲自设计的。回家一问陈育新，结果我们销了将近4000吨，成了西南第一大饲料厂，这时利润便滚滚而来。到了年底，我们共销了65000吨，正大只销了40000吨。这一仗，我们大幅降价开拓了市场，从此成为成都市场的主角。到年底，我们盈利了3000多万元。我们试着降价，因为我们不忍心要那么高的利润，但不行，你没有办法降价，就这样都供不应求，如果再降价倒票就又开始了，求情就又开始了，所以我们不敢降价。这说明如果你做好了准备工作，该你的利润你想躲都不行。

这时，我们只能拼命扩张设备。你想想看，从当初每天20多吨到年底是200多吨，增长速度太快了。因为投资很小，原料也降价了，我们的利润就一下子高到了30%左右。由于私营企业不能征地，新津县委、县政府打破常规批给了我们35亩地。那时我们没有仓库，原料只能用一天，职工宿舍、生产车间都是从鹌鹑舍转过来的，每天大进大出，但这也恰恰帮助了我们，让我们从一开始就建立了很好的商誉，粮食我们不能买，但每家粮食部门都成了我们的原料仓库，他们做生意，每吨饲料赚我们20元~30元，很可靠，一个电话就成了，我们不用一点流动资金，没有积压。我们的成品库只有1000平方米，正常情况下要18个1000平方米才够。我们的商誉很好，我们用送货结账的时间差来付款，饲料没有预付款，一般都是先拿钱来开饲料，我们的产品是晚上生产第二天上午卖，上午生产下午卖，下午生产晚上卖。

创业初期，这种情况新津希望总厂有一个，后来又相继建了几个分厂，如重庆希望、绵阳希望、蚌埠希望、武汉希望、上海希望等也是这样，1995年以前一半公司有这种情况。当初我们成功，是机会帮助了我们，如果这时骄傲了，认为自己什么都行，那就麻烦了。

转弯处的“碰瓷”

在企业发展初期，古家村的老百姓对我们的支持很大，虽然有少量村民为了个人利益给我们找过麻烦，比如，到育新良种场途中有一个转弯的地方，那里有一间茅草棚，主人经常故意在路边放一堆水泥瓦，结果我们为此赔了不少钱。那个地方很窄，车倒不过，一碰他就要钱，他就靠那个讨钱。他的水泥瓦被碰了个角，他不找我们，就找汽车司机，一个瓦角赔50元钱。农民虽然很朴实，但有些人也有很自私的一面。我们会赔，但会先让工作人员去谈，谈几天，不然让步太快，他的要价马上又会提高。当时有两家农民，就是靠故意让车辆碰到其水泥瓦生活的，他们靠这个得了2000多元。这些都是很小很小的事情，但有点麻烦。创业初期会遇到各种麻烦，这算是其中之一。

当然，总体上当地村民对我们非常支持，我们要多少土地，他们就给我们多少土地，相互有些冲撞，他们也很宽容。为什么呢？就是我们能帮助他们，帮助他们富裕。我母亲在那个地方，陈育新一家人在那个地方，都有很好的社会形象。所以说，我们当时的外部环境还是非常好的。

正是我们做了人家瞧不起、不愿做的事情

在创业初期，我们每天的平均收入只有6块钱。大概过了两年，我们的鹌鹑养殖量扩大到5万只，收入才开始大起来。通过几年努力，我们从每天几块、十几块逐渐发展到几百块、上千块，这样慢慢增长，慢慢积累，之后又将积累的钱再投入到生产经营当中。最初老板是我们，技术员是我们，销售员是我们，工人也是我们，我们一手一脚从小事做起。

有一天，我偶然翻出了当初的笔记本，上面记录着当时每天产多少个蛋，捡了蛋之后还粘有鹌鹑粪，手印都还在。当时养鹌鹑，我们在顺江乡古家村，就是现在新津希望饲料总厂那个地方，三弟陈育新的家就在那里。我们花几百块钱所建的那个鹌鹑养殖房很小，2×5平方米一个。由于要抢时间，鹌鹑最初就养在我家的阳台上和厕所里。因为家里养了鹌鹑，县教育局的领导有一次来我家，刚一推门马上就出去走了，人家嫌臭，都不愿进我家的门，但我们忍着。为什么？因为要办成一件

大事，就得忍受被人家瞧不起。几年之后，我们养了几万只、十万只之后，规模大了，引起了省市领导重视，他们组织了很多人来参观我们的鹌鹑养殖场，很多城里人一到养殖场就把鼻子捂起，他们闻不惯那个气味。这说明什么问题呢？说明我们所做的正是人家瞧不起的事情，正是我们做了人家瞧不起、不愿做的事情，我们才得到了发展。

我看问题从来都是从两方面同时看

竞争激烈是困难，原料上涨是困难，有关部门乱收费是困难，员工素质低没有培训是困难，还有其他很多困难。如果让这些困难充满头脑，我们的思想就会被桎梏。我们一定要变不可能为可能，一定要找到合适的方法，去学习，去培训。我们承认困难，但要分析困难，将困难变成问题。如果不能克服它就是困难，如果用新的思维方式把这些困难变成了问题，将问题分析透彻了，再把问题变成着力点，我们就有办法了。如果思维处于原始状态，就会把这些问题看成一个一个困难，把自己吓倒。我们的能力提高了，有了办法，接着就是采取什么方式去实施。有些人怕困难，他不愿意努力，所以有个转换过程。

我认为，所有困难都是前进道路上必然要出现的事情。为什么呢？因为我看问题从来都是从两方面同时看，任何事情都有其正面效应和负面效应。市场好时固然好，企业盈利多，就可以扩大生产规模，就可以招收更多工人，进一步给大家增加工资，企业各方面都比较宽松，这有什么不好呢？但这时你好人家也好，你过得去人家也过得去，在大家都好时劣势企业就淘汰不了，我们付出的代价就非常大了。市场疲软对我们最大的好处，就是可以帮助我们以最低代价淘汰劣势企业。市场疲软时大家都非常担心，我也一直在思考这个问题，但想来想去，我们不应该担心。为什么呢？从感性角度来说，我希望这个情况能够改变，但从长远来看，我希望市场疲软期再长一点。这时，我们用过去积累的资金能够度过这个危机，而我们的绝大部分竞争对手都坚持不下去。过了这个阶段，我们就会成为市场的强者，我们就会在这个过程中占领更多市场，最终成为规模更大的企业。

饲料行业的规模不是太大，因为销售半径和保质期决定了它不可能长距离运输，不可能兴建超大规模的工厂。世界最大的饲料厂只能销100万吨，而同样价格的钢材可以达到1000万吨。世界上饲料行业没有垄断，也不可能出现垄断。到了一定阶段后，要再增长很困难。

我们不能把精力放在不平等环境上面

我们不能把精力放在不平等环境上面，因为我们短时间不可能解决它，我们只有暂时承认它，想办法创造条件把我们的优势发挥出来。我们的优势就是市场，民营经济的优势就是市场。为什么希望集团不贷款，就是因为当时贷不到款，没有银行愿意给我们贷款。但是，恰恰就是因为贷不到款，才促使我们想办法找市场，想办法改进工作，想办法树立商誉。他们不给我们贷款，原料就采购不了，没有办法，我们就积累商誉，有了商誉，全国各地的供应商都给我们发货，而且是货到验收后一周才付款。对他们来说我们付款非常及时，对我们来说早就卖成了钱，所以我们的钱大多数是客户的。由于树立了商誉，不给我资金也能发展。同时，我们把自己的企业管好，我们自己的盈利非常好，这样，我们到后来就不用贷款了。

其实，换个身份想一想，如果我是银行行长，贷款出去时如果我对这个企业不是很了解，如果他拿不出财产来抵押，我也不会贷给他。当慢慢从小到大了，经历了一系列贷款之后，商誉就会慢慢积累起来。客观上，这也是对企业的一个筛选过程。

我们刚开始搞饲料时，要买土地不给我们，要贷款也不给我们。后来我们搞鸡饲料，一直进不去。为什么进不去？那时全国都一样，农民卖一斤鸡蛋国家给两斤饲料粮，但这个饲料粮只能到国有企业去买，所以，我们处于绝对不平等状态。虽然没有办法进入鸡饲料市场，我们也没有放弃研究鸡饲料，我们技术上过关了，做好准备放在那里。到了1988年，情况发生了变化，市场上出现了抢购风，物价猛涨，饲料粮价格急剧上涨，国家的低价粮、中价粮都拿不出来了，成都市几个国有饲料厂都停产了。他们停产了我们就上，我们就高来高往，从市场上买来原料，由于我们的生产成本比较低，这样便迅速占领了市场，这也为我们正式办饲料厂奠定了基础。

还有一个案例也很有意思。我们一直想进入上海，但上海的市场保护得很厉害。我们1989年就派人到上海做过考察，发现他们也有饲料粮保护政策，而且一直延续到了1993年。但我分析，成都放弃了，重庆放弃了，上海一定也会放弃。所以，我们在1993年初，就利用这个机会杀进了上海市场，而且取得了成功。

我们只能通过努力来证明民营企业对国家是有用的，对人民是有利的，这样逐步改变国家政策。至于有时国家一些政策的调整给我们带来了一些新问题，作为一家企业，我们就不要去抱怨，也不要把精力放在那些无法改变的事情上，而应该把精力放在能够有所作为的领域，比如降低成本上。这样的话，我们就会增强市场竞争力。当你做好准备时，国家政策再调整时机会就是你的。不然的话，把精力用在抱怨上，用在一些并不能改变的事情上，企业就难以发展壮大。所以，我认为，如果我们不能改变它，就承认它、顺应它，做我们能做的事情，以增强我们的实力，再等待机会。因为我们国家肯定会越来越好，肯定会越来越开放，民营企业和国有企业、外资企业肯定会越来越平等。从长远来看，我们的企业将会长期生存下去，因此就没有必要让不能改变、不能控制的事情干扰我们的方向，而应当保持良好心态，努力改进自己的工作。

真正的企业家都是辛勤的劳动者

任何事情，你判断力再强，都是要承担风险的。有承担风险的能力，愿意承担风险，出了事情都是自己的，员工没事，无非是重新找工作。如果对自己的企业不能承担风险，那就不是企业家。很多人问我国有企业的领导是不是企业家，这个很难说，从广义上来说是，从狭义上来说应当不是。为什么呢？只有真正把企业当成自己的生命，与企业融为一体，你才是企业家。也就是说，一些企业的所有者也不一定是企业家，老板不一定是企业家，国外有些老板的财产是遗留下来的，但他不懂经营管理，只是持有股权。真正的企业家都是辛勤的劳动者，是非常辛勤的劳动者，是超负荷工作的劳动者。所以，企业家与资本家是有区别的，企业家和企业管理者也是有区别的。从广义上说他们都一样，但从相对意义上讲他们是分离的。有些创业者也不一定是企业家，比如有些暴发户，他抓住了某个机会发财了，但不是企业家，他没有办法再发展。很多人暴富了，但要想成为企业家，很难，他虽然暴富了，但对企业管理的精髓还没有认识。我们超前了一步，我们的企业就做大了。如果没有抓住这个东西，以后麻烦就大了，就赶不上人家了。如果你开始领先一点，你可能持续领先，你落后了就不容易赶上去，再努力赶上去就很困难。如果你要企业发展，你就必须超前一点，比如1995年东方希望与南方希望分开后，我们有13家工厂，全部是合资企业，我们实力很弱，管理也不到位，这时我冒着风险快速扩充了一批独资公司，资金不够我就贷款，还向我的兄弟借，到1995年底，我们差不多就有30家工厂了。我们花半年时间拼命发展，虽然冒了很大的风险，但我相信能够控制局面。之后的1996年、1997年还是高速发展，就这样奠定了东方希望的发展基础。

民营企业都是在市场中摔打出来的

我们原来在成都的总部非常简朴，就是两排水泥瓦房子，只有20多亩地，还只用了一半。1994年之前我们准备修建总部办公楼，但1995年资金很紧张，我们把钱用在了发展上。1996年之后，资金是很充裕了，我们又没有时间来修了。拖下来反倒是好事，为什么呢？许多人对这个事情感到有点儿奇怪：希望集团那么强的实力，为什么总部就是两排水泥瓦房子？我们这两排房子只花了22万元，仅相当于一辆汽车的钱，但每个分公司的投入动不动就是上千万元，要说总部修得比较漂亮的话肯定修得起，但我们没有修，这带来什么效果呢？有人建议我把这个房子再保留几年，因为新华社记者来采访，我们宣传部有人陪同走到这个地方，客人大吃一惊，不敢相信这就是希望集团的总部，他们了解之后说你们最好能保留下去。有个记者多次追踪采访希望集团，他说他一直不理解希望集团为什么用这个平房做办公室，后来他对我说他想猜一下我们的目的，是不是认为坐在这样的办公室里不容易产生浮躁情绪，我说记者先生你说对了。当今民营企业发展非常迅猛，很多企业在取得了一点成绩之后反而不知道怎么发展了，于是，浮躁、浮华、浮夸风就起来了。一旦这种思潮影响了企业高层，就意味着这个企业离倒闭不远了。你想想看，个体户有时一年要倒闭两三次，这种企业有百折不挠的精神，所以他们对国家贡献最大。他们不需要国家投资，做好了国家收税，倒闭了自己想办法。既然我们走进了民营企业，跨出了国有体制，我们就必须充满危机感，因为民营企业都是在市场中摔打出来的，我们都是在石头缝中成长起来的，但这反而锻炼了我们，成就了我们。

解决农民问题最终还是要靠培养一批又一批企业家

中国经济的深层问题是农民问题，是农民的出路问题和收入提高问题。为什么？农民收入增长最初是靠解放生产力，靠包产到户，让效率提高，但效率在现有社会生产力水平下已经提得非常高了。以前一年365天中有300天要下地干活，只生产一点粮食。现在一年365天只需要几个月下地，生产的粮食是以前的好几倍，但这些基本上到了顶点。另外一项增加农民收入的办法是国家把粮食价格调起来，这样做农民的收入是增加了，但问题也来了，经营粮食的企业大规模亏损，成了国家财政的大包袱。那么，农民收入提高靠什么呢？只有靠扩大耕地面积，可是，中国的可耕地非常有限，再让耕地增加已经没有多大可能了，这预示着往后农民收入的增加已经到了顶点。那么，农民问题怎么办？以后只有集中生产，靠十分之一的农民，像美国、欧洲一样大规模生产，使生产成本降下来。

中国农业如果按目前的小农发展模式发展，从长远看没有太大的竞争力，因为中国土地有限，农民平均每个人只有一亩地。要解决农业的竞争力问题，第一个该做的是免税，现在农业税已经免了，非常好；第二个就是补贴，但补贴的金额对农民是杯水车薪，就算每亩地补贴一万元，也解决不了农民致富问题。农民唯一出路是大部分人放弃土地，让土地集中在少数人手里，实现规模化种植。

但是，还有90%的农民怎么办？只有办工业，办第三产业。解决农民问题最终还是要靠培养一批又一批企业家，让他们在服务业、工业、高科技产业中创业和发展。所以，往后不仅是希望集团，整个中国经济能否屹立于世界民族之林的核心问题是人均产出问题，这个提不高，中国经济没有出路。当然，这是国家大事，我只是站在企业角度来思考这个问题。

中国经济还得靠民营企业

中国经济改革之所以成功，前苏联的改革之所以失败，为什么？因为前苏联的社会化比较彻底，农村都是集体农庄，没有自留地，小农经济已经被彻底打掉了。中国之所以改革成功，邓小平很聪明，措施很得力，改革的路径选对了。从1978年开始，1979年、1980年出现了专业户、万元户，这个非常成功。中国无论在社会主义改造、农村合作化、文化大革命或破“四旧”中，始终触动不了自留地，因为机关干部、老百姓买不到菜，不得不让农民卖菜，一分自留地就是农民创业的基础。所以，农民在20世纪70年代末80年代初，成了中国改革开放的急先锋。一包产到户，政府管得少了，生产力得到空前解放，邓小平继而提出了“让一部分人先富起来”的观点，于是农村涌现出一批专业户、万元户，他们带头致富，中国第一批企业家便从中诞生，中国市场化的力量进一步加强，这时谁要想再退回去已经不行了，中国一旦走向市场经济就再也拉不回来了，因为老百姓不愿意再过苦日子了。

中国经济的深层次问题是国有企业。依我看，就是要加大国有企业的改革力度。不能一下子全卖了，哪个来买？老百姓买不起，也没有企业家，谁来经营？可以逐步通过租赁、出售培养一批企业家，或者引进外资，让它真正进入市场。国有企业为什么前景不好？因为经营者不承担风险，没有人对企业经营状况负责。既然没有人负责，要搞好就不可能。在激励机制不够的情况下，企业负责人就会追求短期效益，追求实际待遇，不管有意无意他都会这样做。

要扭转中国经济的整体局面靠什么？只有靠非公有制经济，非公有制经济的主力军是民营企业。个体户是基础，民营企业是主力军，而且要培养出一大批民营企业家，必须要有一个企业家群体，中国才有出路，否则要赶上世界经济是不可能的。个体户虽然产权明晰，也都精心经营，非常爱护自己的资产，对企业高度负责，他们的资产效率很高，投资回报率也很高，但毕竟规模太小，不足以产生能同世界500强相抗衡的企业。只有从个体户中产生出一批民营企业家，中国经济才会得到强有力的发展。在民营企业家中，还要产生出一批优秀的企业家，能够领导一批大中型企业，创造出一大批能够同国际财团抗衡的大中型企业家，这个群体形成后，中国经济才能高速发展。世界经济发展的历史已经摆在面前，我们已经看得非常清楚。没有这种机制，没有这个群体，不可能产生世界级的大企业。我们还应当有自己的世界级大企业，这个比例应该逐步增加。

宋健1986年给我们题词："中国经济的振兴，寄希望于社会主义企业家。"当时他对我们说，"你们是社会主义企业家"。我知道他是在给我们戴"红帽子"，给"保护伞"，从定义上把我们定义成社会主义。当时陪同的成都市领导对我们说，你们应该实行股份化，宋健马上打断他的话，"他们怎么发展完全由他们定"，接着又对我们说："中央、省、市、县各级领导和各级政府都支持你们，你们大胆地干。"当时听到这句话我感到非常吃惊，他当时是国务委员、国家科委主任。他说很多专家傻得很，成天在机关里面，在科研院所里面，端着茶杯等着国家提几块钱的工资，而不把掌握的技术拿到生产第一线去创业。我们1991年正准备办分公司时，陈育新到北京开会见了宋健一个多小时，他说邓小平找中央部分领导讲了话，不久你们就会听到新的提法。春节过后，"南方谈话"就下来了。所以我认为，从中央到地方各级领导，他们已经认识到民营企业的重要性，不是现在才认识到，20世纪90年代初就认识到了。

中国这样的大国，引进外资固然好，但中国的经济总不能都让外国人控制，它只能是补充。现在我们已经连续好多年是世界引进外资第二大国了，这个速度已经够大了。国家出台了很多优惠措施，所以继续大幅度增长是不可能的，只能是每年都增加一些，但增长的速度不可能再提升。所以，中国的经济是不可能寄希望于外资企业，让外资企业控制中国经济的主体显然是不恰当的，中国经济还得靠民营企业。

在最困难的时候要坚持到底

创业至今，回顾过去经历的种种，也曾有过想要放弃的时候，但我觉得这样做对不起员工，还是挺了过来。到今天，我总结出一句话：在最困难的时候撑下去，直到成功！坚持到底，在最困难的时候要坚持到底！

我们的员工有的人想挣钱，有的人想干一番事业，有的人想学习提高自己等，这些目标都是正确的，我的目标就是带领团队，创造更多业绩，搭建更宽广的舞台，在满足员工挣钱养家的目标之外，引导他们挖掘潜能，让他们在十年二十年以后不会因为潜能没有被充分挖掘出来而后悔，让他们认为自己是一个优秀的人。所以，创业以来，我努力、奋斗、拼搏，接受失败，有时候我想哭，但不能哭出来，因为我是企业领导，我不能表现出一丁点儿的不自信，因为这样会使团队溃不成军。在任何时候，遇到多么不好的消息，我也不能在员工们面前流露出半点儿动摇和自我怀疑。我也是人，我也挣扎过，但我现在很自豪，因为我们已经成为中国最优秀的团队之一！这是我们共同努力的结果。我个人的能力有限，作为企业领导，为大家搭建一个又一个平台，为大家提供成长的舞台，是我一生的责任。我们要超越自己，让自己成为社会上的强者，只有这样，我们才能为社会做出更大的贡献。

企业大了，只能证明过去，竞争对手在前进，我们不能有丝毫懈怠。现在集团的条件好了，我却不允许自己耽于逸乐。我们的员工身后有数万个家庭，上百万个客户，如果我们的产品没有竞争力，就会害了他们；我们的产品质量如果有问题，将会违背我们的价值观，我们要做大众文化的价值提供者，要告别“付出少一点、得到多一点”的思想，只有优秀的企业才能做到这一点。

市场是残酷的，市场不相信眼泪。市场不同情失败者，只相信英雄。我们大家都是英雄，我们是冠军级的人物，这就要求我们“付出多一点、贡献多一点”！我们的得到，是付出的结果，这样我们就不会感到委屈。几年之后再回首，我们一定会比当初希望得到的要多！

我们就是要把企业办成百年老店

在市场经济下，能够生存100年的企业不得了，全世界都不多。

我们的企业能不能生存到100年？能不能搞百年大庆？我是不能参加百年大庆了，但我的心会参加。我们就是要把我们的企业办成百年老店，我们要从现在开始就培养人。

地球只有几十亿年历史，人类也只有300多万年历史，100年会一晃而过，但大家知不知道，美国硅谷的高科技企业有10年生存能力的只有5%，有100年生存能力的连千分之一都不到，一个企业要生存100年非常不容易。

那次我到广东去演讲，广东的一流企业家基本上都来了，有的甚至把部门经理都召来了，反响非常热烈。并不是我刘永行有什么了不起，他们来是看中了希望集团什么呢？他们都在考虑能不能像希望集团这样持续发展。因为在广东以至于全国，很多民营企业干起来要不了几年就垮台了。

我们希望集团能够稳步发展，人家问我有什么诀窍，有什么捷径，我说窍门没有，捷径也没有，最后问得太多我也想了一下，如果说有，就是练苦功夫，就是练过硬的本领。我们选择走最艰难的路，遇河游过去，遇山爬过去，这需要本领。趁危机还没有到来时，我们就要练好抗寒、爬山、游泳的本领。面对残酷的现实，我们要把大家培养成真正的英雄。

刘永行说创业

◇一个优秀的企业必须要有先进的观念。

◇一个为着自己使命而奋斗的人，连上帝都要为他让路。

◇一个能活百年的企业，至少要模拟不下二三十次的死亡情景。

◇我奉公守法、不行贿不受贿，我企业做得好、对员工好，有什么可担心的呢？任何政府都希望有好的企业和好的企业家。

◇王永庆是大中华范围内最优秀的企业管理者，他最根本思想就是企业家必须是奋斗者，孜孜以求者，不断创造奇迹者。这也是我对自己的要求，对我们主要干部的要求。

◇“正义、正气、诚信”是做企业的底线。这是东方希望六条价值观的第一条，也是最基本的一条。

◇要办好一家企业，对主要负责人的要求是非常非常高的。我每天都要花几个小时来学习。

◇我们的干部必须树立长期奋斗的思想，要做长跑运动员，要把自己的追求上升到为人民、为国家做贡献的高度才行。

◇现在是中国五千年来最好的时候，我们生逢盛世，可谓十分幸运。市场给予我们的机会可能有很多次，而时代赋予我们的机会不会重来，如果抓不住就会浪费我们的才智。所以，我们要迎接挑战，直面困难，为中华民族做出更大的贡献。

◇有时候困难是福。战胜了困难，我们就得到了成长，自信心也会因此提高。

◇当初是因为贫穷而萌发了致富的欲望，现在有了钱，我想得更多的是企业如何壮大，如何实现自身的人生价值，如何尽到对社会应尽的义务。我想，这种责任感是每个知识分子都有的。我们绝不能等待未来，而要创造未来。

◇希望集团所积累的财产名义上是属于我的，但我把它看成社会的财产、全体员工的财产。我们要用它来促进企业发展，促进社会进步。如果把财富的拥有视为追求的目标，我就会失去奋斗的动力，那也是我们企业的悲哀。企业家必须摆脱为自己挣钱的思想，我要求自己把人生理想上升到为社会做贡献的层次。

◇诚信跟精明看起来是对立的，实际上是一致的，不能只做一方面。我不喝酒、不抽烟，没有别的嗜好，也不善于跟政府官员打交道，不善于作秀，更没有什么江湖恩怨，就是兢兢业业地做事。

◇为什么我要不断努力？因为我觉得和全体员工一起把企业做好做大，让财富继续增值，这其中有无限乐趣，而且财富本身还将不断给社会创造新的价值。

◇做任何事情都要承担风险。企业家同资本家、企业管理者是有区别的，有些创业者不一定是企业家，他只不过是抓住了某个暴富的机会，并不能把企业做下去。

◇诚心诚意地帮助别人致富，自己才能致富。

◇今天的希望集团是大家共同努力的成果，我们都要珍惜和爱护。

◇如果说财富的意义在于改善自己的生活，那这个问题我早就就解决了。如今对我而言，财富的意义得到了升华，我希望用自己的能力去影响更多的人，去搭建一个更大的平台，去改善更多人的生活。

◇陷入贫困是一种挑战，拥有财富更是一种考验。

◇赚钱归根到底是重新分配社会财富，对于希望集团的财富我所能做的只是去用它来创造更多的社会财富。

◇拥有财富和享受财富毕竟是两回事，但有一点是肯定的：追求财富是每个人创业时的共同心理，可一旦拥有了它，不同素质的人其观念和行为自然会发生变化。

◇希望集团的财富是大家创造的，属于全社会，我没有权力随意支配，我只是在帮助社会理财，是一个拥有资产的勤劳者。除了业余买书读书，我很少消费。

◇我连消费的时间都没有，哪来富翁的感觉？再说，过简朴的生活也是一种享受。

◇创业时，我们用自己的劳动换取财富，是想让自己的生活好一点。但是，企业一旦做大，你就会去思考，赚钱做什么？如果只是为了享受，企业就会做不下去，因为做企业并不是享受！所以在我赚到1000万元之前，我是为自己；当我赚到1000万元以后，我赚钱就是为了社会。其实，一个人花不了多少钱。这是社会财富，不过是由我支配而已，任何人都没有权利浪费。

◇现在希望集团的财产已经跟我本人没有实质关系了，我不会利用这财产，不会使用这财产，也就是说这个财产已经成为我们全体员工的财产，成为我们整个社会的财产，我只是一个财产的代管者。

第二章

刘永行说文化

观念是第一生产力

2

[提要]

企业要管理得规范，最重要的就是企业文化。什么叫企业文化？就是遇到一个意外，你的员工都知道怎么做。一把手必须带头，文化才能真正贯彻下去，要求“过”一点，“小题大做”才能做好事情。举个例子，拿我讲，不管坐汽车前排或后排，都把安全带系上。有客人来，驾驶员也会提醒他系安全带，形成一种安全的习惯和文化。企业文化正是潜移默化在这些小事之中。规章制度不是文化，规定不了的东西才是文化。

企业文化是一种行为规范，是一种无意识行为，不需要动脑筋想。而工作中，许多东西都需要学习，熟练的技术都用无意识，潜意识的效率很高。它建立在意识和无意识之间，有些精神领域里的东西。企业文化是最高负责人的价值观以及行为模式，成为全体员工共识的共同行为。重工业完成系数难度要比普通工业大很多倍，一出问题就不得了，所以我们的安全要形成文化。

我有一个观点：观念是第一生产力。我不是要推翻邓小平“科学技术是第一生产力”的论断。在当时的背景下，邓小平的话肯定是对的。

现代科学技术已经发展到很高的水平，实际上，很多时候是观念起决定性的作用。这也许有点唯心的成分，但确实是好的观念才能带来好的行动，并产生好的结果。

我认为，首先是观念正确，然后才是行为正确。邓小平的“科学技术是第一生产力”的论断首先改变的不是科学技术，而是国人的观念。好的观念带来好的行动，好的行动带来好的结果。

[释义]

邓小平本身就是一个很好的例证，正是他提出的“让一部分人先富起来”的观念，极大地调动了中国人的积极性。允许办私营企业，允许市场这只无形之手发挥作用，观念一变就产生了一系列变化，并因此带来中国经济前所未有的繁荣。

观念表现在企业里，就是要有一个健康向上的强势文化，东方希望集团的经营理念、行为模式、思维习惯都来源于此。东方希望集团之所以能够健康发展，就是因为有自己的优秀文化，有优秀文化凝聚的团队。强势文化让人更加自信，也更容易成功。

企业发展需要各种各样的人才，但并不是有了专业知识就能把事情做好，还取决于你有怎样的观念。在观念与行为之间，刘永行先生更重视观念的作用。

我们的经营理念是怎么孕育出来的

第一次大规模搞孵化虽然没赚到多少钱，但也没有亏本，卖完小鸡，我们几个兄弟每人还分了80元钱，当时80块钱可以买一辆自行车。那段时间我每天走路，每天走五次，有时晚上还要走两次，腿磨损得特别厉害。当时年轻，精力比较旺盛，也不怕，有时走痛了睡一晚上，第二天照样干，也没有特别在意。我们还赚了一台孵化机，并且丰富了孵化方面的知识。还有，我们的鹌鹑孵化也成功了，我们的孵化率达了到90%以上。更重要的是我们的技术普及了，当地农民可以用非常简单的方法搞孵化了。在孵鸡的同时，我们的鹌鹑孵化养殖技术基本成功了，我们就动员农民养鹌鹑。

在卖小鸡之前，在筹集孵化的过程中，我们动员农民养但农民不养，我们找了好多农民，他们虽然信任我们，但就是不养，说没有技术，没有钱，养不活，卖不到钱。这些我们都能解决，但他们就是不买，因为没有看到赚钱的人，他们是绝对不会投入的。我想农村走不通就走城里，在城里并不是发展养殖业，而是在城里成功了再由农民来养。事实证明，这个由城市辐射农村的思路是完全正确的。

找城里人怎么养呢？首先我养起来了，很多同学关心我，比如我师专的一个同学叫张荣文，他说你养成功了我就跟上来，我请他来看了几次他终于动心了。他开始养了几百只，我当时卖给他两毛五一只，应该赚不到钱，但我想必须通过这一步，真真实实地帮他赚到钱，我们这个事情才算真的成功了。我的同学卫学镔也很感兴趣，他养了100只，存活了四十来只，最终有三十来只下蛋，平均有90%以上的产蛋率。他自己吃不完，我又找包皮蛋的老太婆帮他卖，卖了之后还能把成本赚回来。不花钱可以吃蛋，就这个概念，我把这个概念介绍给其他同学和朋友，他们都开始喂了，后来发展到十多家。有的一家人每天有几百个蛋，包皮蛋的老太婆都卖不掉了，我们便把所有包皮蛋的老太婆发动起来，但还是卖不完，我想这时必须开拓市场了。我与陈育新商量，他说他亲自来做，他就拿了一批蛋到雅安、邛崃去卖，邛崃没有卖多少，却把雅安市场打开了。陈育新带了一个农村小伙子，是他的邻居，16岁，初中毕业找不到事做，就动员他来卖，他卖得非常起劲儿。接着我们又发动了十几个农民来卖，结果蛋不够卖了。

通过卖蛋，城里的人赚到钱了，我的同学每天卖几百个蛋，每个蛋都要赚四五分钱，一个月可以赚几百块，相当于工资的10倍。农民在帮他们卖蛋时一算账便明白了，于是自觉找到我们，我们便把饲料赊给他们，我和陈育新每天去给他们讲解饲养技术，帮他们做架子、做笼子，一丝不苟地帮助他们。他们成功了，第二家就用不着教了。这些人当中有一个叫高泽民的，他是我们发展的第一家，他是陈育新的亲戚。由于是地主出身，他以前穷得不得了。1983年底，他居然到银行去存款了。他要求存200元，储蓄所给他一张存单，他要本本，本本卖五分钱，银行不给他，说他三天两天就取了，拿本本没有用。第二个月，这200元钱他不但没有取，居然又存了200元。银行就起疑问了，他以前穷得叮当响，现在每个月都来存200元，他是不是在偷东西？他们派人暗中调查，发现他在养鹌鹑，就把这个情况向农行作了汇报，农行又向新津县委工作组作了汇报，县委工作组又把这个情况汇报给了县委书记钟光林，钟书记想起是有个叫陈育新的大学生提出要停薪留职，他还要其带动10个专业户呢。这个事情到底如何，他派了一个调查组下来，结果发现古家村已有十几户养鹌鹑了，很多人赚了钱后还在扩大生产。他们测算下来，这个村一个月光养鹌鹑就能赚2000元。县委调查组发现陈育新是“罪魁祸首”，于是找到陈育新，陈育新见到钟书记说，你给我一年发展10个专业户的任务，我超额完成了。

接下来，1984年中央一号文件下来了，我们不但与国家的发展同步，还略微超前了一点。中央一号文件号召发展农村专业户，所以，新津县把我们作为宣传重点，全县各级干部都到陈育新家里看。能用的地方都用完了，陈育新就搭了块水泥瓦，在屋檐下煮了几年饭。他本人就住在拌饲料添加剂的小药房，那里气味大得很。

1984年底，县委县政府也养起鹌鹑来了，他们把伙食团的钱拿来养了几千只鹌鹑，我们每天去免费指导。这个伙食团帮助我们免费宣传，结果我们没花一分钱就出名了。到1984年底，古家村已经发展了30多户，每户都有几万元的利润。接下来的1985年，《四川日报》、《成都晚报》都开始报道我们了，因为是新生事物，一个是发展专业户，一个是知识分子上山下乡。到1986年，古家村几乎没有一家不养鹌鹑了。

这个过程给了我们深刻体会，我们就是以技术服务来带动发展，我们诚心诚意地帮助人家赚钱，我们的成功就隐含在里面。你想赚人家的钱不一定赚得到，你在帮助人家成功的过程创造了一个市场、一个产业，不想赚钱都不行。我们的经营理念就是从帮助农民富裕中孕育出来的，就是在技术服务、售后服务中，在向农民传授经营经验、经营办法中，在与他们交朋友的过程中，慢慢孕育出来的。

我们的捷径就是走最艰难的路

要在工作中做出成绩，要超越竞争对手，就要比人家付出更多，不能走轻松的路。以前很多人问我希望集团成功有什么捷径，有什么诀窍，我想了一下，诀窍是没有的，但捷径是有的，捷径就是走艰难的路。什么是捷径？最艰难的路往往就是最近的路，最近的路又往往是最难走的路。比如，前面有一条河，河面宽是300米，气温是-20℃，水又深又急，可惜过不去，距此50公里有桥。怎么办？大家都想快点过河，游过去只需要20分钟，游过去就是最近的路。但是，最近的路都是最不好走的路，好走的路大家都过去了。此时如果追兵来了，或者桥头有碉堡，咋个办呢？只有游过去才是最佳选择。但要想游过去就得有真本领，不然就会把你淹死。你光会游泳还不行，还要有强壮的身体，要能抗寒。更重要是还要有不怕苦的精神，如果没有这个准备，没有这个本领，就只有死路一条。

我们走的就是捷径，我们的捷径就是走最艰难的路。有人喜欢捡轻松的路走，比如低成本扩张。如果不顾一切地低成本扩张，并吞过来一大堆垃圾工厂怎么办？商誉会受损，企业发展就没有后劲。如果希望集团要走这条路的话，现在马上可以兼并1000家企业过来，不要钱，真的不要钱，签一个字就可以兼并过来，但这个是以什么做代价呢？就是以商誉做代价。要兼并一家企业，首先要考虑的不是它会给你带来什么，而是你能为这个企业做些什么？注入管理，注入资金，注入品牌，注入观念，让这个企业成为优秀企业，那么你就成功了，这时你的商誉是叠加的，你的企业会越来越强大，反之对你就是包袱。我认为，资本运作、资本经营不外乎就是一个概念，关键是你能给对方带来什么好处，如果不能，就肯定会失败。

我们坚持走最艰难的路，坚持艰苦奋斗，坚持做好小事，坚持做好员工的工作，我们练就了本领。我们就走这条最艰难的路，所以，我们取得了一点成绩。希望集团的捷径就是走最艰难的路，但要走这条路就得有好的身体，就得长时间锻炼，就得熟悉水性，就得不怕严寒，只有这样我们才能成功，你没有这个准备的话就是蛮干。有人老是羡慕人家运气好，什么叫运气？运气就是经过长期努力，做好了准备，机会一出现就能抓住，这就是所谓运气。也许你平时练功所花的代价比别人多几个小时，但关键时刻它就能起决定性作用，所以我们平时不能太轻松，我们不得不苦一点。我认为这是我们办企业的根本，也是中国企业长盛不衰的必由之路。

一个企业家要取得成功的话，如果看远一点，他必须有社会责任感，没有社会责任感就不是一个优秀的企业家。所以，我们是在做比较实在的事，希望集团做得比较实在，我们将坚持走这条路。

我们选择走最艰难的路，选择多流汗少流血。问题是，谁都知道锻炼身体好，但又有多少人在坚持锻炼呢？做起来是很难的。我每天工作十几个小时，下班回去就看书看报，接电话就是最轻松的工作了。我必须这样，面对强大的对手，我们比人家弱小，要赶超对方，我们必须付出更大的努力。

人生是否需要赌呢？赌博不好，但博是很好的，赌只能作为一种娱乐方式，而博则是提高自己的能力，通过艰辛的付出就会有效果。博是主动控制的，是良性的，而赌则不是。在正常经营中，博也是方法之一，但需要平时锻炼。很多经济犯罪都是靠赌，我们要防止赌徒心理，要给干部提供正常发展的机会。好的管理就是能够给人发展的机会而堵塞错误的道路，在错误的道路上要明示高压线、安全网、巡逻车，让企业健康地发展。

企业相对论

办企业就是这样，不在于你的绝对优势，而在于你的相对优势；不在于你销量有多少，而在于你在这个市场上占第几位，是上升还是下降。我们坚持走最艰难的路才取得了成功。我们不搞投机取巧，就在市场上一个客户一个客户地做。市场是这么做，生产是这么管，管理也是这么抓，办企业就是这么办，没得投机取巧的。

我认为在经济工作中，处处都有相对问题，任何环节都可以找出相对来。所有优势都是相对的，比如当时民营企业资金少，似乎不太有利，这看起来好像是绝对的，但实际上是相对的，就看你从什么体系上来看。我认为当初我们贷不来款实际上是帮助了我们，因为它逼着我们把立足点建立在了依靠市场上，建立在了依靠服务上，建立在了帮助客户滚动发展上，这恰恰孕育了我们的企业文化，逼我们走上了正确道路。

人本身也有相对论，世上没有什么好人坏人，好人可能变成坏人，坏人也可能变成好人。每个人都是好人，每个人都是坏人，就看你把他放在什么评价体系上，比如杀人犯被判处死刑，其实他也有闪光点，并不是就坏透了。

经过反复观察思考，我提出了一个概念叫“相对经济”。过去人们习惯用“比较经济”这一概念，但我认为“相对经济”更好。相对的成本，相对的固定资产费用，相对的财务费用，相对的原料价格优势，相对的能源优势，相对的固定资产投资优势，综合起来就是相对经济成本。

任何环节都可以找出相对来，比如市场疲软当然不好，但对我们来说，第一可以占有相对优势，第二可以练兵练功，所以又是好事。如果感到是坏事你就会原谅自己，你就会比人家做得差。因为市场疲软，你就会得过且过，不去努力，不去改进，你就失去了机会，市场好转时也没有你的。市场疲软时我们就抓相对优势，市场好时我们就抓绝对产量。市场非常好我反倒认为不一定是好事。为什么？你好人家也好，如果人家危机意识强一点，在抓市场时不断改进工作，人家就可能成功，如果我们高兴得不得了，管理上就可能深入不下去，这时反而更危险。同样是市场疲软，如果你做得比人家强一点，市场可以帮助你淘汰竞争对手，并且代价最小。

我们不是追求先进技术，而是追求适度技术。比如电视机，你把寿命弄到100年有什么用呢？没有用，成本增加，耗电增加，那是不科学的。“相对经济”是市场经济的产物，它不是说你的成本是多少，你的投资是多少，你的产量是多少，而是一切要适合于市场，适合于客户。在人家的销量大幅下降时，你下降得小一点，你的相对优势就起来了。人家是亏损的，你还有一点利润，你的相对优势就起来了。市场好时，我们就可以把优势拿来改进质量。不管是好与坏，都是相对的。如果把握得好，有“相对经济”的概念，市场好坏便都是机遇。反之，市场好坏便都是危机。

如果把它摆在相对基础上，你对待事情就比较坦然，需要做的事情就可以连贯起来做，就没有必要为市场疲软唉声叹气，你就会把精力用在练兵练功上，用在降低成本上。市场好时你也没有必要兴高采烈，你要把竞争看作危机，要看到市场高潮后的低潮，看到竞争对手也得到了利益。机遇无处不在，就看怎么把握形势了。

我去美国参观过很多工厂，一般概念是人家资金多，人家自动化程度高。可是，我发现，起码在饲料行业，在机器上我们并不比他们落后，但人家的劳动生产率却是我们的很多倍，而且单位工资、单位产量的工资比我们还低。所以我提出，在我们国民素质还不高的情况下，如果能够抢先，相对地让员工，首先是干部的素质提高，我们就取得了相对优势，这是中国现代化和老百姓收入提高的关键。

我们不怕市场疲软，市场疲软时我们都占相对优势。竞争社会就是一个相对应的市场和相互之间的比较。相对优势就是你是不是更强一点，在各个方面上你跟竞争对手相比是不是更强一点，包括成本上、管理上、质量上，还有我们的干劲，我们的策略。相对优势就是竞争力，相对优势就是保证你是被别人吃掉还是你吃掉别人。世界上没有谁拥有绝对优势，在商界也没有。市场竞争中的疲软就像赛跑一样，你困难别人也困难，如果我平时练得好，这时我就有相对优势了。市场疲软你一点儿都不用担心，这正是增强相对优势的大好时机，是加强内部管理的大好时机。在市场疲软时可以做很多事，我们可以把绝对劣势变成相对优势。如果我们的对手没有在这方面下功夫的话，我们就大大前进了。虽然我们前进的步伐可能也会慢一点，甚至是有一些倒退，但有什么关系呢？比如我们倒退5%，别人倒退30%，我们也是相对前进呀！

“相对经济”就是不要孤立地看企业，而是要看在市场上的地位，无论是投资、网点、销量和利税，都要相对地看。如果你只是随大流，社会就会淘汰你。市场总体倒退你就倒退，你注定要被淘汰。许多事情如果你在思想上认为做不好，就肯定做不好，因为你不可能积极采取各种措施去创造业绩。抢市场符不符合道德规范？合乎。因为你能抢回市场，说明你对消费者更有利。市场不相信弱者，不相信眼泪。弱者在市场上就应该被淘汰，因为弱者对客户是不利的。

解放战争时期国民党是绝对优势，最后却被共产党打败了。为什么？国民党的绝对优势是什么？是财力、物力、武器、兵源、国际支援，共产党的相对优势是什么？是民心，是艰苦奋斗的精神，所以共产党利用自己的相对优势，慢慢地建立起局部优势，再争取全面优势，最后取得了全国胜利，这与市场经济是一回事。

创业之初，我们与外资企业相比好像都是劣势，其实我们也有自己的相对优势，第一个是我们的技术过关了，第二个是我们有成本优势，第三个就是我们有艰苦奋斗的精神和敢打敢拼、不怕牺牲的精神。我们避开了竞争对手的优势，我们打局部战争，我们就这样取得了成功。

因为我们是民营企业

我们在国内来看已经是大企业了，但拿到世界上去看只能算个小企业。那么，国外为什么那么关注我们呢？就是因为我们是民营企业，希望集团能够健康发展将会向世界展示中国改革开放的成功。

20世纪80年代初，社会上对民营企业家的评价非常低。为什么呢？很多人就讲，这批企业家不是劳改释放犯就是社会闲散人员、无业人员。这不应该怪他们，这是社会发展特殊情况造成的，因为那时国有单位的干部、科技人员谁愿意下海？我们胆子大一点、观念解放一点，所以稍微领先了一点。初期的创业者如果不提高的话将很难长大。但是，现在的民营企业家已经发生了质变，我想以后民营企业家的素质将会得到极大的提高。

作为全国最大的民营企业之一，我们所取得的成绩为国家争了光，党和政府给了我们很多荣誉，国外也很关注我们。美国有两个参议员，一个是对外经济委员会的主席，一个是环保委员会的主席，两个人专程到希望集团考察，考察之后更加坚定了他们对中国的信心。美国进出口银行董事长专程到成都来访问希望集团，听了介绍后说非常振奋，他说希望事业就好像是一场“美国梦”。所谓“美国梦”是什么呢？就是白手起家创建企业，他说只有美国才能做到，我说董事长先生，中国正在发生变化，而且变得越来越好，我们就是中国开放的产物。他说他以银行投资家的观念来看，希望集团是最佳投资场所。他还开玩笑说："我非常希望成为你们希望集团的股东。"

我们感到非常骄傲的是，在世界上，我们为中国树立了正面形象。我们之所以取得这样的成绩，是由于在从计划经济向市场经济转换的关头，我们走得早一点，大家对我们的关注也帮助了我们，无形中提高了我们的知名度，帮助我们打了很多免费广告。

在企业内部我们是平等的

企业财产在法律上归我个人所有，但我不会也用不了那么多。东方希望创造的财富我完全可以不用，我们初期创业的十分之一我都用不完。我们在东方希望努力工作的目的是一致的，从宏观来说是为国家创造财富，从集团来说是保持企业发展，给干部提供更多的发展空间，给员工提供更好的福利待遇，这就是我们所要做的工作。所以，在企业内部我们是平等的，我和大家一样上班，同大家吃的也差不多，甚至我不希望大家叫我老板，我更希望大家成为我的事业伙伴，我们一起把企业办好。

我们现在有问题也有优势，有压力也有机遇，只要我们能够更快地前进，就能给大家提供更多机会，就能给大家提供更好的福利。福利待遇我们不能少也不能多，所谓不能少就是要走在社会前面，但养懒人则是不可取的。人人勤奋努力才能建设好我们的国家，在勤奋努力中也才有发展的机会。

做大众文化的价值和财富提供者

东方希望企业文化的核心就在于"付出多一点、贡献多一点"——做大众文化的价值和财富提供者。

企业文化来源于什么？来源于价值观。价值观又来源于什么？来源于消费者的需求。广义的消费者就是社会大众，所以说，我们的价值观来源于社会大众的根本需求。

多年来，我一直在思考一个问题：做长寿企业的秘诀究竟在哪里？

在市场经济中，推动社会不断优化和进步的因素有很多，但直接推动者是普罗大众。在消费时我们总是希望能够尽可能地“付出少一点、得到多一点”，总是希望能够享受更好的产品、服务、效用和价值增值。正是这种不断寻求“付出少一点、得到多一点”的最优选择，决定了作为供应者的企业只有不断满足大众文化的自然需求，才能在市场竞争中不断发展。因为大众文化在提供市场机会的同时，也作为评判标准给企业投票，并以优胜劣汰的形式清洁着市场。这种“付出少一点、得到多一点”的文化是推动社会进步的核心动力，企业之道就是顺应这种文化。

企业要解决的一个核心问题，是组成企业的每个成员也是大众的一分子，大众文化必然会进入企业的经营和分配。如果让大众文化主导了企业的经营和分配，企业和成员在经营活动中也奉行“付出少一点、得到多一点”的大众文化，那么，企业提供给大众的财富就必然会相应减少，也就无法真正满足大众的“付出少一点、得到多一点”价值观。很显然，这样的企业只有灭亡一途。

我认为，优秀企业和他的成员在企业运行过程中，需要把优先权让给消费者，持续地把财富让给大众，这就是企业的“得道”。

要做大众文化的财富提供者，企业就非得要做到大众文化的对立面，也就是要“付出多一点、贡献多一点”。这就迫使企业必须持续努力，不断提高质量、降低成本，使客户真正满意，由此随之而来的将是更多的认可与回报，这就是优秀企业的竞争、壮大和成为“百年老店”之道。

无论商业环境如何变化，只要将为大众谋财富当作核心动力，企业就会不断通过过滤和积淀来打造自身持久的竞争力。随着社会大众需求的不断提升，企业文化也必须不断更新、不断升级、不断吸收新的内容，但它有着非常强的连续性和稳定性，不会突变。

我们必须清楚，企业及其员工的生存是由大众消费者决定的。企业与员工都不可能在同样水平的重复中得到的越来越多，他得到的是“付出多一点、贡献多一点”的副产品，否则就只能损害企业的竞争力。企业对大众和社会负责，对企业本身负责，进而才能对其成员负责。在优秀企业的主导文化中，滤去大众文化，凸现的应该是诚信、学习、创新和意志力。由这样的价值观而形成的企业文化，才能培育出大批充满持久激情的创造者，这才是企业持续积累、创新和不断发展的基石。员工在这样的载体中，经过磨练和努力奉献，就会进入与企业共同发展的快车道，就会拥有更大的发展空间。

在发挥潜能的平台上有两个方向可以使我们的员工得到更多，一个方向是在同一水平上做得更好，一个方向是在更高水平上做得更大。优秀企业的成长将为有志者搭建更多更宽广的平台，而员工必将伴随企业的成长而实现个人价值。这就是优秀企业的员工得到之道。

我认为，企业的真正品格就是员工的品格，东方希望和其员工在与所有服务对象的交往中，始终将企业文化中的诚信、奉献和发展视为律己准则，绝不动摇。

选择认同强势文化的人到企业来

每个人都处于社会之中，我们一方面处于强势群体里面，同时也处于这个社会之中。我们的朋友甚至我们的父母都可能还处在弱势群体里面，他们的世俗文化始终会影响我们。如果我们把这样的文化带进企业，也用这样的文化来思考问题，那就麻烦了。

大学生毕业找工作时都是想什么呢？顺着感觉选，第一是大城市，第二是单位好，第三是工资高，第四是没压力。这种想法好不好呢？好！但在企业里，在一个拥有先进文化的企业里，我们倡导的则是努力奋进，团结协作，不能只想着怎样去得到。得到是想不来的，因为你想得到的东西是他人创造的，你凭什么去享受呢？

我们必须选择具有优秀潜质的人，必须选择具有强势思维倾向的人。如果不追求事业成功的话，那你到东方希望来干什么呢？东方希望创办以前我个人的资产就几辈子也用不完了，我在生活上花费很少，再多的金钱对我也已经没有多大意义了。我创办企业的动机就是想提供一个更大的舞台，让更多有志气、有追求的人拥有展示自己才华的空间，因为要寻找这样一个舞台真的太难了。

每个员工都受到过世俗文化的影响，稍不注意就会把弱势文化带进企业。如果不加以制止，这些东西就会在企业里固化下来。所以，我们招聘员工就要从世俗群体里寻找那一小部分追求上进、追求贡献、追求成长的人，把这一部分人招过来。另一部分人虽然也有世俗思维，但因为可塑性比较强，他们也认同了我们的价值观，也可以慢慢培养。我们就筛选这样的人，让他们挑重担，让他们去创造。假以时日，他们的能力就会逐步提高，成为优秀的人。他们一旦能够能承担更大的责任，待遇自然就提高了。这样的人当了上司也会用同样的观点要求下属，这样，强势文化就会越来越强，消极落后的东西就进不来了。

企业文化不是靠策划出来的

企业文化不是靠策划出来的，那些统一着装、统一标识、统一口号多数是表面上的东西。东方希望的企业文化是在自身发展过程中形成的，有的是在创业时就已经存在的，是我们特有的东西，其他企业是无法效仿的。

企业文化之所以成为文化，需要一个渗透、内化的过程，并最终表现在行动上。这一过程主要有以下三个环节：

一是要被广大员工理解、认同。企业文化如果不能被广大员工所知晓、认同、喜爱和理解，再好也只是纸上谈兵。企业文化只有根植于广大员工的内心，成为员工坚定的信念，才会真正有意义。

二是要有与之相符的规范化、制度化体系。要使企业文化持续发挥应有的作用，一整套与之相符的规章制度是必须的。制度是建立在文化基础上的，文化也可以通过制度来深化、传播和巩固。

三是一个从上到下的行动过程。企业文化最终要通过员工的行动来体现，这不是一个人两个人的行动，而是从上到下共同的行为特征。

企业文化从某个角度看就是一种信仰，必须天天讲。管理干部在阐述事情时要尽可能与价值观相联系，不必为了讲企业文化而讲企业文化。

总经理是公司传播企业文化的第一人，部长是部门传播企业文化的第一人，我是总负责人。六条价值观是经过很长时间反复检验总结出来的，是我们处事的基础，也是我们所有行为方式的出发点。

管理干部有一些小错误我们可以帮助改正，但如果他的思想与企业文化不相容就要请他离开。

宣传工作要处理好风与帆的关系

由于我们的产品是生产资料型产品，我们是一个低利润行业，所以我们的广告预算是销售额的1%。但是，我们的公司遍布全国，所以广告都做到基层去了，你在中央电视台看不见我们。

不少企业都注重知名度的宣传，但我们从来不去争这些东西，为什么？我们需要实实在在地为顾客创造价值，如果你在提高知名度方面花很多钱的话，你不可能把更多资金用在提高产品质量和性能上，提高这个价值与价格比，这是本末倒置。我认为，民营企业有一种不太好的风气，就是争知名度，有些企业的知名度非常高，但他们坚持不下去，知名度太高实力太小就很麻烦。我认为，企业知名度和实力之间就像帆和船的关系，一艘实力很强的船当然需要一个很好的帆，风小时帆张大一点，风大时帆张小一点，那么你就非常顺利。但是，很多企业只是一条小船，却张了一张很大的帆，弄不好就要翻船。不少迅速垮掉的民营企业，就是由于他们实力太小而知名度太高，他们没有把重点放在提高产品质量和性能上，市场危机一来就完蛋了。

无形资产是不能用来卖钱的

树立自己的商誉为我们带来了很多好处。现在我们所有的饲料不赊销，你不拿钱来绝不拿饲料给你。我买原料绝对不拿钱出去，直接送进我们工厂，我们才验收付款。为什么我们能做到这一点？这就需要商誉。第一个就是产品质量好。如果你的销售好，原料供应商相信你，而你始终坚守信誉、坚守合同，那么，原料供应商也愿意把货送给你，你验收付款他没有风险，而且你批量大，他可以薄利多销。

无形资产是不能卖钱的，无形资产只能利用，你用得越好它增值越高，它就能帮助你发展，帮助你增加美誉度，帮助你增加知名度。但是，如果你拿它来卖钱，那你就完蛋了。它既管钱又不管钱，因为它绝对不能拿来卖钱，你卖钱就是一种透支行为。但是，它可以充分使用，用得越多，你的品牌地位就越高，销量越大市场反映就越好。你成本降得越低，你的利润就越高，竞争力越强。

不能条件好了作风差了

我们的条件越来越好，我们的收入越来越高，在这种情况下，我们艰苦奋斗的精神会不会懈怠？我们搬进了办公楼，干部就不深入实际了；有了汽车，销售部经理没有车就不下市场了。没有干劲了，追求享受了，这种思想很危险。

有一次，我在房山希望吃了60多元，我觉得是浪费，接下来有人将单子拿给我看，他说董事长，你们六个人吃了60多元你就说多了，我们以后注意就行了，但有些总经理却不是这样的。我必须强调，兄弟公司之间互访一律不准到外面去吃饭，就在员工食堂，多加几个菜也可以，但没有必要去大吃大喝。如果因为过了饭点不方便了，到外面吃点也没有关系，但没有必要追求豪华，更不能吃转转饭，这种风气具有很强的杀伤力。意志稍一松懈垮下来快得很，你十年努力可能只要半年就衰败下来了。成功不容易，可失败太容易了。所以，我们一定不能头脑发热，一想到公司盈利那么多，吃点喝点不算啥，这样下去企业管理就会越来越松，费用就会越来越高，员工就会慢慢追求享受而丧失斗志。总部必须做出表率，必须从我开始带好头。我到分公司一般是吃食堂，而且要求不给我单独做菜，谁造成浪费都要受到批评。以现在的收入，这个已经是非常次要的东西了，我们只要保证吃饱吃好就行了。

“武训精神”就是清朝末期的“希望工程”

一次，我去山东冠县参观武训大殿，非常感动。为什么呢？我看到社会最底层的弱者都在这样为社会无私奉献，深感惭愧。看到武训大殿纪念馆破破烂烂，我主动提出捐资重建武训纪念馆，对方非常感谢，说要进行新闻报道，我说这个最好不报道，不能给这件事抹上商业色彩，不能有一点商业色彩。我问需要多少钱，他们说要30万元，我捐了40万元，要求修好一点。我认为，“武训精神”就是清朝末期的“希望工程”。当希望集团发展到一定程度时，我们将会拨出比较大的资金做慈善事业，因为这样的事情做了之后会感到非常愉快，因为它不需要回报，我们自己节约一点就可以帮助很多人。

我们要从自己做起，倡导艰苦奋斗精神，这种精神不能丢掉，丢掉了是拾不起来的。只有这样，我们才有动力，才有向上的气象，才能战胜困难，因为任何困难都要用艰苦奋斗的精神去克服。图舒服就没有战斗力，失去战斗力就什么事也干不成了。

刘永行说文化

◇所谓企业文化，就是最高领导人的观念，他的价值观，他的经营理念，他的行为准则，他需要集团怎样做。这个价值观，这些东西，强行地或自觉地灌输到每个员工中间，大家共同遵守了，违背这一点所有人都反对，符合这一点大家都来共同遵守、共同努力，形成荣誉感，这样的话，我们的企业文化就形成了。

◇我们的企业文化建立在国家强盛、企业发展的基础上，建立在提高全体员工素质的基础上。

◇优秀的企业文化都有相通的地方，成功的企业都有相同之处，因为成功的经验应当是真理，否则企业不会成功。

◇我们要在管理干部中树立这样一个意识：不学习就要被淘汰，不提高就要被淘汰。

◇企业文化不是做出来的，更不是规划或策划出来的，它是从企业长期的经营活动中总结、提炼、升华出来的。所以，企业文化不能移植。

◇希望集团成功的原因之一就是领导人几十年如一日的学习，在所有地方、向一切人学习。只有学习才使智慧得以发展，才能看清事物的本质。

◇要让企业文化成为无意识的行为，出现某种情况不必思考就能马上用企业文化判断其对错。我们要“一只脚放在无意识里，另一只脚轻轻地放在意识里”。

◇企业文化是企业自己创造的，不论什么企业都有自己的文化，不管它是否总结、书写出来。但企业文化不能完全学，学是学不过来的，可以掺入一点，改造成自己的，我们也要引进新鲜血液，使自己的文化更优秀。

◇请人来做企业文化是大错特错。在企业内部，我们就是要有统一的东西，这个东西就是企业文化，就是价值观，就是制度，这些需要宣讲，需要灌输。我们的企业文化是怎么形成的？就是最高领导人的世界观在企业里所形成的共识。

◇作为大众文化的价值提供者，我们的员工作为企业的生产者和创造者，只能先付出再得到，不断去满足消费者“付出少一点、得到多一点”的价值需求，因为那是企业生存发展的基础。在市场经济条件下，企业的生存发展是在不断满足消费者需求中实现的，消费者具有选择权，企业将不可避免地受到市场遴选。为此，我们努力提高产品质量，提供优质服务，不断创新改革，打造核心竞争力，在企业内部提倡“付出多一点、贡献多一点”的强势价值理念。

◇作为员工，同时扮演着生产者和消费者两种角色，具有两重性。作为企业的生产者，我们要为消费者“付出多一点、贡献多一点”，但作为社会人我们又是消费者的一员，我们也希望“付出少一点、得到多一点”，这是一个悖论。我们的企业文化很好地解释了这一切，因为作为强势企业的员工相信——我们的得到是“在其中，随其后，随之而来”的。

◇我们不会为眼前的得到放弃发展的方向，我们坚信“诚信、正气、正义”，我们坚持奉献、努力、创新，因为我们相信我们的得到“在其中，随其后，随之而来”。我们的企业是这样，我们的员工同样也是这样。

◇每个人都有闪光点，我们把员工闪光的地方与企业的发展融合在一起，把与企业要求不相符的地方逐渐调整过来。在这个过程中，我们的价值观就逐步形成了。

◇我们的经营理念不只是拿来作宣传的，更重要的是我们实实在在的指针。

◇我们的经验是，最好的公关方法不是去送钱，不是去送礼，而是把你的企业办成当地的样板企业，把公司成绩作为当地政府的政绩，这对企业是最好的保护。

◇再忙的干部都要挤时间进行演讲。我们从董事长开始，部长、主持工作的副部长或者负责人，都是当然的讲师。部长凡是到分公司，都要召开员工大会或者干部会议，来宣讲集团的企业文化、集团的价值观、集团的制度、集团的前景、集团采取的有效措施。

第三章

3 刘永行说战略

当战略确定之后，剩下的时间都是做战术

[提要]

很多人说大企业家是做战略的，实际上我们有多少时间做战略？战略是要长时间的构思，但并不是让你成天搞战略。战略定了就不应该随便改，确定后就要坚持下去。剩下的时间都是做战术，战术的构成支撑了你战略的成功。饭要一口一口地吃，这些小事的成功就支撑了我们整体的成功。

[释义]

中国人从来不缺战略，缺的是战术、细节上的东西。战略的确很重要，但它是长期的，企业的战略定下来之后，应该至少10年不变，剩下来的事情就是战术上的了。如果一家企业整天都在做宏观、做战略，但细节还那么差，它肯定不会是一个好企业，中国人随意性太强，所以我们要跟这个弱点作斗争，要把混沌和随意性转变成优势，就是灵活、创新。

你想想我们的企业跟世界500强的差距在哪里？就是人家所有细节都

做得很好。我们跟西方人相比，不是学他的战略，而是学他的战术。我们不是整体不如人家，而是局部不如人家，每个局部不如人家，整体自然就不如人家。

怎么去节约一吨水、一度电？怎么去减少一个劳动力消耗？当你所有的细节都合适，就成就了一个战略。不然不管什么战略都是空的、虚的、唬人的，是骗自己的。

我们要在战略上蔑视敌人，在战术上重视敌人。要竭尽全力创造企业的相对优势，这是战略。在战术上要“事事追求点点滴滴的合理化”，合理的还要合理，改进的还要改进，而且改进要从最高层的推动变为员工的自觉参与。

创业者不要过高估计现在的能力，也不要过低估计自己通过努力，三年、五年、十年后的能力，关键是现在要生存下去，兼顾发展，反而容易成功。各级管理人员要总结过去的事，做好今年的事，规划三五年的事，设想十年后的事。

变“企业经营”为“经营企业”

从1982年发展到1989年，我们从1000元发展到了1000万元。1992年，我提出要把我们的工厂发展到全国，像外资公司一样到全国各地去办分公司。当时还没有资本经营这个概念，我提的是变“企业经营”为“经营企业”。因为80年代初，国家饲料办提倡饲料工业“大家办”，全国建了很多饲料厂，我们养殖鹌鹑时也在努力研究饲料。1988年，我们的鹌鹑养殖已经具备相当规模，这时我们已经积累了1000万元，资金怎么用成了问题。1989年4月，我们开发出了与洋饲料技术含量、效果完全一样的猪饲料，而且成本比洋饲料低不少，这就是我们的优势。我们对中国市场十分了解，对中国农民的需求十分了解，这正是我们的优势。我们把这些优势转化成了产品优势，我们的产品一上市就供不应求，于是就迅速扩大规模，半年内就超过投资几千万元、建厂七八年的外资企业。

希望集团的发展就是不断改变的过程。1982年下海，我们率先进入市场经济，虽然很艰难，但“矮子中显人长”，我们取得了成功。1989年外资企业刚进来时曾经不可一世，当初甚至于不屑于同我们竞争。1992年初创办分公司，我们在全国私企中又走在前面，所到之处不费大力就取得了成绩，改变是主要原因。1994年取得了很大的成绩，是因为我们明晰了产权，赢得了快速发展的机遇，这也是改变。那时一个月盈利400多万元，很容易满足，但我们考虑到未来的竞争，还要拼命发展。如果只想保住1994年的成果，我们至今可能还只是一个小公司。要想自己挣钱的话已经足够了，因为我们每年有几千万元的利润，但我们要做成一个产业，做好一个产业，把它当成一个事业来做的话，我想我们就必须不断发展。

怎样不断发展呢？在成都这个地方只能慢慢增长，只能20%、30%地增长，不可能实现爆发式增长。所以，我就在思考这样一个问题——外资企业可以到中国办分公司，我们具不具备这个条件呢？我们研究外资企业，对比之后发现自己有相当大的优势，我们完全可以像他们一样将分公司办到全国各地去。当时很多人愿意和我们合作，要卖企业给我们。在1991年的董事会上，我提出我们应该把工厂办到全国去，我们应该变“企业经营”为“经营企业”。“企业经营”就是把原料、技术、流程作为一个个因素来管理，而“经营企业”的动词是经营，企业是宾语，一个个公司才是调整和管理的对象。“经营企业”除了“企业经营”之外，还包含合资、合作等一系列活动。这个概念有两大特点，一是集团化，二是走出去办分公司，其中包含了“资本经营”这个概念。在董事会上，大家同意我这个观点，同时我大哥刘永言说，我们不应该只靠饲料，还应该搞点高科技产品，所以他把重心放在了发展高科技上。我三弟陈育新想把新津总厂做得更大，还想搞点房地产。于是，我就和四弟刘永好在全国各地办分公司。

刚好在邓小平“南方谈话”发表时，我们在重庆兴建了第一家分公司，1991年12月31日签订协议，元月份搞基建，五月底投产。重庆希望在建时，我觉得需要出国考察一下，看看其他国家怎么做饲料。我们1990年到过澳大利亚、斐济，后来想去看看美国的大企业是怎么做的，所以我和刘永好1991年3月去了一次美国。我们参观了美国饲料大豆协会，研究了美国中央ADM饲料，还考察了美国一些大农业企业，结果大开眼界，也更加坚定了我们将企业办大的决心和信心。我们决心像外资企业一样，把公司办到全国去，办到全世界去。在重庆希望建成之后，我们接下来在绵阳希望搞了一次资本运作，我们兼并了绵阳的一个乡镇企业。接下来，我们又通过合资、兼并、合伙，控股了几十家类似的企业，这都是“资本经营”的结果。我们把亏损企业接过来，改成我们的饲料厂，再注入技术，注入管理，注入商誉，注入经营管理，这些企业最后都变成了优秀公司。

大家都不规范恰恰是一种商机

在大家都不讲商誉时如果我们严格讲究商业道德，我们就鹤立鸡群，这就是相对商誉。我们从一开始就严格讲究商誉，大家都不规范恰恰是一种商机，你从中去讲商誉，把商誉看得比什么都重要，一定能鹤立鸡群。虽然我们只是做应做之事，但大家对我们就刮目相看。大家都不讲商誉，你讲你就成了神，大家就都来帮助你。我们恰恰是“反其道而行之”，在大家都不讲商誉时我们一开始就讲商誉，那么，你的商誉就来了，资金什么都来了。我们新津总厂一直没有采购员，一个都没有，就一个原料部负责人打电话，当时也没有推销员，就靠产品质量来推销，没有仓库，没有流动资金，我们做到了，这也是相对优势。当时管理人员就是我们几个兄弟，那时不规范，没有会计，没有出纳，我们自己来管，只把住进出两个口。到1996年时，到我们销售10万吨时，我们的管理人员也不超过10个，我们的成本相当低。我们把这个钱用在改进产品质量上，农民用了之后都说希望饲料好，用了之后农民都赚钱，所以农民用现钱来买，我们也赚钱。我们的经销商赚钱不多，为什么？我们商誉好，价格公道，买的人多，经销商由于竞争，所以赚钱不多，我们这盘棋就这样做活了。我们贷款很少，只有一次到3000吨货，需要一次性付款时才到银行贷款。这时银行也变了，以前不贷款给我们，现在我们成了黄金客户，这就形成了一个优势，也创造了一个奇迹。实际上，要说我们做得非常苦也非常苦，要说轻松也非常轻松。

市场好坏都是相对的

市场好坏都是相对的，都在相对之中。市场疲软，我们困难别人也困难。这时你有优势，你把它充分发挥出来，追求长期增长。还有，市场疲软时，员工也较少浮躁性。对市场疲软的态度是检验企业家是竞争者还是投机者的试金石。市场疲软时你的人员相对富裕，这正是一个机会，设备可以检修，员工可以培训，这是个大好时机。市场疲软时你就练内功，降成本，提高质量，抓原料 库存，抓合理化。还有，市场疲软时竞争对手也在疲软，我们把注意力放在开发市场上，你的相对市场份额就会增长。市场疲软我们付出的代价不过是增长速度慢一点，但大批没有长远计划的企业就会倒闭，市场就会替我们淘汰一批企业。度过疲软期后，我们实力没有削弱，只是相对增长速度慢了一点，但我们占有了更多的市场份额，我们可以以最低成本取得成功。市场好时我们抓绝对数，要好大家都好，但市场疲软时你的市场占有率扩大了，市场好时你的量才上得去，你的绝对优势才能体现出来。

美国也有官僚主义

外资企业的经验值得我们学习，比如品质管理、系统管理、主动出击精神，但在学习异质文化时，我们不能将其错误的东西学到手，不能学习外资企业的大手大脚，因为他们自己想丢掉都很困难。我们要从异质文化中吸收营养，武装自己，改造自己，让自己更加强壮有力。

1992年我在美国考察时，不但发现了他们优秀的地方，这个我已经讲过多次了，其实我还发现了他们的第二个秘密，但讲得不多。这个秘密是什么呢？就是他们在基层劳动生产率非常高的情况下，一个事情要层层汇报，做不出决定，最高领导和基层被隔断了。他们的层次很多，中间管理层很多，最高层对基层的信息反应很迟钝，他们也有严重的官僚主义，这种官僚主义比起我们的国有企业来可以说是有过之而无不及。他们大企业的总部大得不得了，汇报问题一层一层的，他们要层层请示。我问这是怎么回事，他们的一个部长感叹说："唉，没有办法，我们公司太大了。"我想，我们恰恰能避免这一点。他们的利润都很低，他们主要是靠资金、靠技术。我专门查看过世界500强企业，他们的利润率都在1%~2%上下，很少有高利润的，资金资本、营业率都很低。我想，这恰恰是我们的优势，我们可以超过他们，我高兴得不得了，这就是我们的相对优势。发现了这个秘密，我感到非常振奋，因为当初我们正在试点，正在筹建重庆希望，刚刚走出了第一步。可以说，看到美国的劳动生产率那么高，我感到我们有了奋斗方向，这是我们不足的地方，但他们的总部运转不灵，官僚主义严重，有些地方可能比我们的国有企业还严重。我们企业还很小，还没有那个毛病，如果把这个优势发挥出来，我们就能够快速作出判断，就能够跟外资企业竞争。

我认为，企业最高领导人必须以务实的作风，与员工紧密联系在一起，真正了解基层的情况，迅速作出正确判断。所以，当时我赶紧跑回来加快公司发展，这也是我们自信心的来源之一。

我们与很多外资企业走的是截然相反的两条路

外资企业进入中国之后，我们依然能够找到一些相对优势。我们在学习别人的好处，但他们有时会学习到我们的坏处。太过庞大的投入使外资企业在中国初期运作很困难，虽说是战略性投资，但这无形中给了我们一个机会，不要看他们财大气粗、资本雄厚，这无形之中给了我们优势，他们成本太高，而我们单位成本可以降得更低一点，我们可以用省下的钱来改进质量，帮助客户多赚钱，这就是我们的相对优势。我们跟外资企业走了截然不同的两条路，外资企业是先强调市场，我们初期就要有适当的利润，这样慢慢积累资金，到我们规模做大时，我们已经把工厂赚回来了，我们的积累已经比较大了，当外资企业要利润时，我们就反过来抢市场。我们与很多外资企业走的是截然相反的两条路，我们是完全相反的策略。所以，在强大的外资企业面前，我们依然可以找到相对优势。

我们是多元化里的专业化

在我们五兄妹中，我分管的这一部分叫东方希望，我四弟刘永好分管的那部分叫南方希望（后来改叫新希望集团）。我大哥刘永言从1991年开始抽身于饲料产业之外，专心致力于高科技产业的发展，取得了很大的成绩。他正在全力以赴进行变频器和中央空调的开发和生产，市场反映非常好。我三弟陈育新从1991年开始代表我们四兄弟管理共有公司，同时也在向全国发展。整个希望集团是多元化的，但也是高度专业化的。所以，从整体上讲，希望集团是一个多元化公司，但从每个人管理的部分来说，又都是专业化的，甚至是高度专业化的。对我来说，我就做饲料业和重工业，所以说，我的主业也是突出的。我认为，专业化就是你能够把80%的精力集中在某个领域，做得比人家好一点，否则你可能一样也做不好。所以，我坚持认为，如果你需要多元化的话，你积累了一些资金可以进行试验，但还是要有专门人才来管理。

我们就是一个工农业生产资料供应商

几年前，我们实现了铝电复合——电热联产——赖氨酸——饲料的联动。我的经验是，挑选最合适与配套的项目组成产业循环，实现工业原料、能源、废渣的梯度利用。在重庆万盛区，我们投资超过26亿元的一个煤化工程将会年产30万吨甲醇、20万吨醋酸，这正是涪陵PTA项目的上游原料。20万吨的醋酸，我们自己的PTA项目就需要几万吨，其他的就卖给本地化工企业，基本可以在本地消化掉。同时，涪陵、万盛两个项目产生的粉煤灰又变成了丰都水泥厂的原料。

我们的定位非常清楚，就是一个工农业生产资料供应商。我们的电力、铝业、氧化铝、煤化工、石油化工、PVC，都是工业生产资料。它们的运行模式、管理模式都是高度相关的，只不过具体产业不一样罢了。但我们做之前要看项目符不符合政策、资源够不够好、市场在哪里，还要判断能不能做得比别人好。

思想放远，战略问题其实很简单

如果战略不断变化，这个企业就有问题。战略是定义你将来要做什么，现在怎么创造条件为将来做事，现在为将来创造什么样的优势。

我们应该跳出圈子、跳出行业来看问题，在更高层面上来思考问题，在战略、哲学层面来思考问题，这样就可以看得更清楚。如果我们沉浸在某个行业里，比如你在互联网行业里谈互联网，在产业聚合里谈产业聚合，在困难行业里谈困难行业，就不可能谈清楚。

哪个行业不困难？因为市场经济条件下消费者的需求越来越高，从某个角度上来说可以说是极度自私。消费者想的是什么？他是不会做雷锋的，他想的就是付出少一点、得到多一点。

我们在发展变化中遇到困惑时想解决问题的办法，这就是战略。你未来做什么，这就是战略。现在我们铝厂的劳动效率是美国的两倍，美国铝业公司的董事长去年到我们新疆公司考察之后感到不可思议，他认为是不可能的事情。

我们制定了十年发展战略，推行了一系列战术措施，再打好一个一个战役、一场一场战斗，我们才有了今天。

我提出了一个概念——产业生态循环互联网。这是一个新概念，没有其他人做，但我们想做这件事。我们把矿山，把第一产业与农业联系起来。把农业，把矿山、电解铝、发电、化工，跟互联网连起来，一二三产业全连起来，所以我定义它为一个产业生态循环互联网。我们就这样去做，做得成功当然好，做不成功也没有关系，它是一个战略。

正确处理企业经营管理中的十大关系

1. 相对优势和绝对优势的关系

企业经营活动中最重要的是什么？创造自己的相对优势。在竞争经济中，一切都是变化的，各种优势也在变化，劣势可以转化为优势，优势可以转化为劣势。任何企业，只要把自己能把握的相对优势充分发挥出来，避免自己的弱点，就能在市场上取胜。

2. 总部的统一集权与分公司自主管理的关系

要建立高效率的、强有力的总部，部长要处理业务，敢于承担责任，体谅下面的工作，做好服务工作。总部要树立服务第一、管理第二位的思想。分公司总经理在遵守集团规章制度、充分发挥集团优势的基础上，管好自己的分公司，最终达到企业经营的最高境界：分公司自主经营。在建立完善集团的规范化、标准化、制度化的过程中，要同时防止官僚主义、教条主义、本本主义的发生，这与自主经营是完全背道而驰的，这样企业就会失去竞争力。

3. 保持传统和学习改进的关系

我们的价值观是集体智慧的结晶，这种精神永远不会变、不能丢。在保持传统的同时，我们必须学习改进，因为社会在进步，市场在变化，我们的竞争对手也在前进，如果我们不努力、不学习、不提高，人家就会超过我们。在学习过程中，最主要的是心理素质的提高和人生境界的提高，特别是我们的高层干部，当物质生活得到保障之后，就应该把追求上升为社会做贡献上来，就应该把追求上升到实现自我价值上来。只有这样，我们的高层干部才会拥有继续奋斗的精神，不然就会陷入方向危机。

4. 基础管理与经营运筹的关系

基础管理工作是企业生存的根基，脱离基础管理，哪怕你取得了成绩，也是非常危险的。对我们这样的基础行业来说，任何浮夸、任何无形资产的透支都跟我们无缘。我们只有扎扎实实加强管理、降低成本、提高效率，增强我们的相对优势，我们才会在市场上生存下去，才会成为更加优秀的企业。基础工作抓得好，即使增长比较慢一点，也能度过危机，在市场困难时也能保持比较好的发展。在经营运筹过程中抓住每个机会，才能与我们的基础管理工作相辅相成。

5. 自由竞争和有序市场控制之间的关系

适度竞争可以保持分公司的活力，增加市场占有率，给竞争对手施加更大的压力，但恶性竞争无疑会使利润大幅丧失。对核心市场要严格保护当地公司，外地公司不准以相同品牌进入同一个当地经销商。在内圈市场，我们也要保护当地公司，原则上外地公司不得以相同品牌进入同一个经销客商。交叉市场原则上是可以共同开发，允许有一定的市场差距，但也要有序进行。

6. 有形产品和无形产品之间的关系

所谓有形产品就是我们的产品及其质量、成本、效率等这一系列生产经营活动中的问题；无形产品就是我们的美誉度，就是我们的产品服务，包括我们所进行的一切促销活动。在往后的市场竞争中，有形产品日趋一致，各公司的优势、差距进一步缩小，但无形产品的差距将会越来越大。我们抓好了无形产品，让无形产品的美誉度不断提高，我们的有形产品就会有市场，我们的有形产品就会增值。

7. 用心工作与认真工作的关系

这是企业经营者和普通劳动者之间的区别，是优秀管理者和合格管理者之间的区别。认真工作是基本要求，是基本合格，只有用心工作才能把一个企业变成优秀企业。用心就是认认真真地分析，找出最合理的经营管理办法。用心就是高度投入，用心你就不只是完成任务，用心你就会找出兴奋点。发现问题，你的兴奋点就来了，你就好像接到战斗命令一样。

8. 合理化和最优化的关系

在经营活动的每个分项目里面我们都可以找到最优办法，但是综合起来，我们不可能把诸多因素都处理成最优，这时我们只能用合理性、合理化来解决这个问题。在企业经营活动中，我们应当追求最大程度的合理化，如果离开了这一点，就会片面追求某个子项目的最优而脱离整体的合理性。在工资问题上，我们也追求合理化，并不是越高越好，特别是在竞争非常激烈的今天，我们要保持合理的工资水平。这个合理的工资水平就是适当高于当地的平均工资水平，在落后地区可以是两倍，在经济发达地区略高，脱离了这个现实条件就不合理了。当然，我们也要避免低工资，在困难时要低一些，条件好时要高一点。

9. 个人发展与集团发展的关系

集团发展为人才提供了很多机会，我们的总经理也要加强干部员工的培训，帮助有潜力的职工提高素质，把他们提拔到各级领导岗位上。

10. 现实目标与长远目标的关系

现实目标与长远目标是一个统一的矛盾体，要找到它们之间的平衡点，找到一个最佳点。我们要鼓励我们的员工，鼓励我们的干部，鼓励我们的总经理，成为长跑运动员。当然，我们也要辅以一些必要的激励手段，鼓励干部员工长期奋斗，为集团做出贡献，为其他员工成长创造机会。

刘永行说战略

◇ 优秀企业必须思考未来几年的发展。各级管理人员要总结过去的事，做好今年的事，规划三五年的事，设想10年后的事。

◇中国企业的成功在于“简单”，失败在于“复杂”。“简单”在于资源集中，主业突出；“复杂”在于投资分散，主业不突出。

◇我在经营企业时一贯持“九分博、一分赌”的心态。所谓“九分博”，就是要把90%的精力放在遵循规律上；而“一分赌”，就是也要准备赌，比如，面对追敌跳入河中，你不认为是赌吗？你的水性再好，又能保证不被大浪冲走吗？但是，赌的心态和所花的精力不能超过10%。我只花10%的精力去赌。但是，如果赌输了就可能全都搭上了。我们兄弟四人从养殖转向饲料业时，杀掉了我们所有鹌鹑，我们不会只杀掉其中的100只，这也是赌。

第四章

刘永行说用人

让普通人才做出一流业绩

4

[提要]

榜样、教师、教练

你要求别人做好，你自己首先要做好，这就需要你当好榜样。你做了榜样，别人才服你。你不应该只用权力去惩罚人、威胁人，更重要的是用榜样来引导人。当然，榜样的力量也是有限的，因为榜样的行为必须让人看得见、听得见才有作用。要发挥更大的影响力，你必须当好教师和教练。教师的任务是帮助他人成长。在帮助他人成长的过程中，你自己的能力也能得到提升。教练的要求更严格，他要按照法律、制度以及相关规范来进行示范和操作。衡量一个好主管的重要标准，就是看他是否能够不断地帮助身边的人成长，使下属与他一样优秀。这一条主要是针对管理干部和承担着一些管理工作的员工而言的。

我们的收获在其中，随其后，随之而来

我们也是消费者，也需要更多的钱去养家糊口，还要买房、结婚，

让生活更好。我们这一方面的利益又怎么实现呢？我们的收获就在“为消费者付出多一点、贡献多一点”之中，并随“为消费者付出多一点、贡献多一点”之后，随之而来。我们的收获不仅仅包括我们的收入，还包括我们能力的增长、职务的提升、社会影响力的扩大、对社会的贡献以及受到社会的尊重等等。

[释义]

一个团队最大的本事不是让一流人才做一流的事，而是让原本不是一流人才的人的潜能得到充分释放，通过系统培养，让他们在实践中去磨练，让他们成为真正的一流人才，然后做成一流的事。

用普通人才创造一流业绩是刘永行先生有别于他人的一种说法。一流人才创一流业绩是应该的，用普通人才创造一流业绩才是他所追求的。

东方希望把招聘来的干部，通过价值观的整合和生产实践的培养来增长他们的才干，放手让他们做大事，从而让他们成长起来。自我培养是人才培养最艰难的路，也是最能锻炼人的路。你有一个平台，有好的理念、好的产品，有资金支持，有一批员工，有一套制度，然后把这个公司交给他，信任他，让他来统领这个公司，在实践过程中不断摔打，有一点失误不要紧，但不允许犯同样的错误。做出成绩就鼓励他，让他相信“我是很优秀的，我一定能够把这个事情做好”。慢慢地，他的自信心就被鼓动起来了，做起事情来就会很主动、很投入，工作就能做好，有时会好到连他自己都不相信的程度。

刘永行先生说，我更看重廉洁奉公和努力学习这两点。外行通过努力学习也可以转变成内行，一旦成为内行，他便成了“希望人”。东方希望集团几乎所有的高管都是从基层成长起来的。刘永行先生从来不接受任何高管的离职“威胁”，并且常常会主动地、无情地淘汰高管。他特别指出，对跳槽三次以上的人他一般不予考虑。他认为用高薪留人是错误的，优秀的人一定要高薪，但千万不要用高薪留人。他说，与邪恶相比，抱怨可谓其次。公司内部不可能绝对公正，但只要总体公平就好，东方希望集团提倡不抱怨。

刘永行先生说，做事业必须要有一定规模的资产，但资产多一点少一点对自己的生活没有任何影响。在他看来，通过企业平台提高给国家的税收、给员工的福利并促进社会发展才是最重要的。将普通劳动者培养成为行业领先者、领导者需要大量资产，也在创造更大的社会财富。如果占有了很多资产却不盈利，那就是犯罪。财富是社会发展的一个必备工具，有了财富才可以促进员工成长和社会进步，因此，财富就是平台和工具。财富来自于社会，也应该用之于社会。

我们都是“英雄”的后代

一、我们身上都有强者的基因

1. 从生物进化看人类的进步

自从地球上有了生命以后，物种就在不断进化，适应大自然的被保留了下来，不适应的就被淘汰了。这是一种非常强大的力量，能创造伟大的奇迹。六千多万年以前，世界被庞大的恐龙所统治，后来因为大自然的灾难，恐龙消失了，而一些较小的、能适应环境的生物被保留了下来。此时，人类最早的祖先在类人猿前身的某种动物中诞生了，一是它身体比较小，容易找到食物；二是它身体有毛，可以御寒。那些毛色浅一点的，不愿意寻找食物的，消耗能量太多的，都被淘汰掉了。后来再演变，就成了类人猿。再后来北方遇到冬季，食物很少，只有少部分毛色比较深、会打猎、能消化动物蛋白的类人猿生存了下来。古生物的淘汰率在90%以上，这种高强度的淘汰迅速浓缩了适应环境的基因，所以，人类一天天聪明了起来。

后来，有少数类人猿学会了用石块，他们的生存能力更强。也有一些类人猿发现有尖刃的石头更有利于打猎，就专门注意这种石头，有的还把石头打磨一下，开始制造工具，不会用工具的类人猿就慢慢被淘汰了。后来的工业革命，其本质就是制造先进工具。有少部分祖先发现火烧起来以后野兽就不敢来了，有的还发现被森林大火烧熟的野兽更好吃，这样就学会了用火，这部分人的基因就受到了强化。接下来，因为需要协同打猎，会发声，少部分人在发声过程中有了固定传递的讯号，就产生了语言，效率因此大大提高了，而不会用语言的就慢慢被淘汰了。就这样，人类的前身在迅速进化。

我们的祖先在进化过程中战胜了无数困难和灾难，在留给我们的身体里面有数千万个强者的基因。

2. 从淘汰雄性看强势基因的保留

与此同时，生物自身也在进化。猴子、狮子、豹子都是一样，它们都有淘汰弱者的法则，即通过淘汰雄性——斗雄，来淘汰弱者，比如只有猴王才有交配权。到了青春期，最强壮的雄猴就会去挑战王位，如果挑战成功了，它就是新猴王，就有权利生育后代。如果挑战失败了，它就会被淘汰掉，或者成为群体中低阶层的成员。远古时代的人类也是这样。

就这样，强者的基因一代一代在生物界遗传下来，弱者的基因就被淘汰了。所以，从某种角度来讲，我们都是“英雄”的后代，我们的身体里都浓缩了几十万代“英雄”的优秀基因。

3. 生命诞生只选择强者

还有一个环节，也是淘汰弱者。在每个人生命诞生的瞬间，也在进行激烈的竞争。一个雌性的卵子只可以有一个雄性的精子，而有数以亿计的精子在进行竞争。我们之所以成人，都曾经是数亿竞争者中的“英雄”，而且每一代都是如此。我们每个人都是“英雄”，世世代代都是

"英雄"！

二、潜能只有唤醒以后才会成为能力

比如，一个黑猩猩从小与人一起生活，它可能会更聪明一些，但却不会变成人。如果把一些新石器时代的婴儿放到现代社会，尽管进化差了几千年，但这在历史长河中只是一瞬间，他们的祖先一样也遗传给了他们战胜各种困难的基因，他们长大以后就可能是现代人。

再比如，婴儿本身具有优秀的基因，但如果把他送到原始丛林里去，他长大以后可能就是原始人。如果把婴儿放到狼群里去生活，长大以后就是狼孩。所以，祖先虽然留给了我们战胜任何困难的基因，但如果你不去开发，它就随着生命的消逝而消失了。

前两年我去体检，护士找不到我的血管，后来我就拉单杠来锻炼。刚开始一个也拉不起来，后来慢慢从一个拉到了11个。我再去医院抽血时，这位护士很惊诧，她说你以前的肌肉是松弛的，现在很丰盈，血管也长粗了。我们看健美冠军的肌肉很粗壮，实际上每个人身上的肌肉块数是一样多的，只要坚持锻炼，大多数也能长得很粗壮。人的大脑也是一样的，越用越灵活，越用越得到强化。

三、如何开发我们的潜能

优秀基因都藏在大脑深处，需要主动挖掘才会出来。如果我们希望唤醒身体内的潜能，就需要模拟祖先曾经遇到的各种各样的困难，主动去挑战这些困难。只有战胜困难，我们的基因才会得到强化。有时我们在战胜困难之后会感到特别舒服，这就是鼓励战胜困难的基因给我们的奖励。

当然，我们的基因里面也有一些妨碍我们成长的基因，尽管它们在远古时代也有积极意义。比如，人吃食物太多以后会发胖，因为当人类还是类人猿的时候，如果有多余的食物就尽可能吃掉，变成肌肉和脂肪，在没有食物时就能度过难关，而对于已有能力解决生存问题的现代人而言，我们就不能放开肚子胡吃海塞，而应注意控制自己。还有逃避和享乐的基因，比如，动物吃饱以后，它就不再捕食了。从动物的角度看，这是合理的，一是可以避免能量消耗，二是躲进舒适区，逃避不必要的困难和野兽进攻，但这对于现代人的成长就没有好处。

四、什么是完整意义上的人性

现代社会与古代社会的一个重要区别，就是人的社会性。人性里面包括两部分，一个是动物性，一个是社会性。我们价值观的第二条“榜样、教师、教练”就是强调人的社会性，要求我们帮助和影响他人成长。

很多人以为人性化管理就是工资高，工作条件轻松，想做什么就做什么，“睡觉睡到自然醒，数钱数到手抽筋”。这种理解是错误的，这只是人性的一部分。如果充分发挥了社会性，这些结果就会“在其中，随其后，随之而来”。在作为消费者时，我们可以充分满足这样的价值观，但当我们是生产者时，就要“为消费者付出多一点、贡献多一点”。

我们大部分时间是世界第一强国

祖先遗传给我们适应自然的基因有两重性：一种是创造性基因，我们可以叫作创新基因或英雄基因；一种是保守基因，我们可以叫作躲避基因或安全基因。

人类从微生物开始发展到哺乳动物，再成为类人猿，最后才进化成了人类。人类之所以现在仍然存在，就是因为祖先将创造性的英雄基因一代一代地遗传了下来。我们的祖先战胜了无数竞争者，对手也许是狼，也许是鳄鱼。他们还曾经历过无数自然灾害，一代一代地淘汰，只有最优秀的基因才能遗传至今。

我们的身体里也有保守基因，比如我们的祖先打狼吃，打死一只吃了，储存一点就躲起来，因为这样有利于生存。这时，保守基因告诉我们，够吃就行了，再打狼会增加生存的危险，打的狼越多危险性越大，因为围猎时间长了人会累，受到伤害的概率也会成倍增加。如果少运动，保持能量，就能生存得更久。从这个意义上讲，保守基因对帮助人类生存到今天也有非常重要的意义。

保守基因有一个重要特点，就是它不断提醒人们要注意安全。在人类进化过程中，有数不清的不安全因素存储进我们的基因，它时刻提醒我们不要作无谓的牺牲。所以，一般人遇到困难的第一反应就是躲避，三十六计走为上嘛!

记得初三上语文课时，老师要求用文言文“倘……何况……乎”造句。老师讲他上大学时只有二两饭吃，上体育课跑不动，只能躲在城墙上晒太阳，于是打趣地说：“四两倘不够，何况二两乎？”这个故事对我影响很深，其实就是保守基因帮助人们在困难时设法躲起来，尽可能地保持体力，以度过难关。

我们既不要作无谓的牺牲，又要科学创造。在中华民族5000年的历史上，我们大部分时间是世界第一强国，但每年增长都很缓慢，可能平均不到1‰。但改革开放后我们已经连续30多年发展速度都在10%上下，这不是中国人的基因在短时间内发生了突变，而是国家政策激发了群众的创造力，让中国人的英雄基因有了用武之地。

现代社会与我们祖先的时代相比已经发生了很大变化，吃饭和生存已经没有问题了，但我们的二重性基因并没有因此改写，如果依然听任保守基因告诉我们，吃饱了要躲起来，要逃避，不要进取，那创造性的英雄基因就无法发挥作用，就像过去两三百年以及文化大革命时一样，中国人枉自具有5000年的英雄基因，甚至还要挨打受气。

创造性的英雄基因提醒我们应该不断进取，保守基因提醒我们躲起来就安全，我们必须在这两者之间找到平衡。在进化过程中，祖先不知道会有现代社会，现在不会有动物随时来伤害我们，也不会有太多的自然灾害侵袭我们。现代社会最大的挑战不在体力上，而在智力上，是如何用智慧去解决问题。如果我们能够充分调动英雄基因，自信心就会增强，即使遭受挫折也无所畏惧，一个人不行让团队上，团队不行再请专家来。我们可以不断寻找资源，直到解决问题为止。有了这种不解决问题誓不罢休的思想，我们的创造力就出来了，英雄基因就能够充分发挥作用。如果愿意每天做出哪怕1‰的改进，天长日久，我们的能力都会得到惊人的增长。据计算：假如每天能力提高1‰，一年之后就能提高到以前的1.44倍，三年之后就是2.99倍，五年之后就是6.20倍，10年之后就是38.40倍，20年之后将提高到9140倍。

一般人思考问题容易人云亦云，喜欢找借口，不愿意找方法，不愿意动脑筋，这可能也是保守基因在限制我们。如果我们希望成为卓越的人，就要有创新意识，要敢于对传统观念提出质疑，充分调用英雄基因，弄清事物的本质，不断挑战自我，追求卓越。

如何激发员工的积极性？就是把祖先遗传给他的英雄基因发挥到极致，让他成为时代英雄，让他们将企业的价值观与自己的成长结合在一起，让他们去做以前想都没有想做到的事情。用这样的方式来激励大家，他们会非常投入，而不在乎短时间的收入。但另一方面，收入又是现实的东西，我们的收入要走在当地前面。现实和理想结合起来，用这样的方式来激发，让他们去做这样伟大的事业，他们就会跟公司同心协力。如果做不到怎么办？没有关系，让他们走，价值观不一样不能在一起。价值观一样，愿意长期投入的人才我们是鼓励的。

我们没有必要在任何人面前感到渺小

什么叫人性化管理？这个问题容易理解错。很多人误以为人性化管理就是自由上下班，工资随便拿。这样是人性化管理吗？不是，这样容易培养人的惰性，根本无法唤醒我们身上的英雄基因。“睡觉睡到自然醒”——多睡一会儿就是尊重人性吗？不是。“数钱数到手抽筋”——一味希望轻松地得到就容易不思进取，人自然就会变蠢，这是尊重人性吗？也不是！即使目前没有钱，如果我们把能力发挥出来，为社会做出了更大的贡献，组建了一个优秀团队，在其中做更大的事，收获就会随之而来，有自信的人自然能够做到这一点。

我认为，人性化管理就是尊重人的本性，把人的潜能最大限度、最有效率地开发出来，让他们去做卓有成效的事情，为社会做出更大的贡献，从而受到社会的尊重，并获得应有回报的管理。我的定义可能与别人不一样，人家的定义可能是工作轻松，随便上下班，弹性工作制，也许那也是人性化管理的一个方面。如果我们的能力非常高，能承担很重要的责任时，能够自由进行卓有成效的工作时，我想，任何一个领导者都会充分放权给他，而不会过分地约束他。

每个人都有无限的潜能，每个人身上都有英雄基因。我曾花了很多时间思考人的潜能问题。从生物进化论的观点来看，我们历经了几十亿次进化，凡是不能战胜大自然设定的恶劣条件的统统消亡了，只有经受住了大自然严酷考验的生物才可能生存。在战胜困难的过程中，我们祖先的基因经过了无数次调整。我们能够生存到现在，之所以成为万物之灵的人，是因为祖先已经在我们的身体里注入了战胜任何困难的基因，这种基因一方面是体能的，但更多的是智能的。

我们研究人性化管理一定要研究人的本质。我们要让每个人都知道自己具有卓越的基因，都是优秀的人，都有能战胜任何困难的能力。我们要帮助员工认识到自己的伟大，而没有必要在任何人面前感到渺小。我们要让每个员工都充满自信的高效率工作。

人的生命是最宝贵的，我们要尊重生命，尊重人性。我们要努力研究每个动作的合理性，消除操作中的无效动作和无效环节，通过各种途径努力提高工作效率。要爱惜员工的时间，爱护员工的身体，不让大家做无谓的劳动，这也是人性化管理。

我们每个人的思想都是一座金矿

我们每个人的思想都是一座金矿，可以采出的金子比大自然的还多。财富都是人创造的，金子也是人挖出来的。你要挖金矿，就是一个小矿也要去找，想得到金矿就要去探金矿，要付出代价。

挖金矿不是那么容易的，需要一定的素质，没有素质你就找不到金矿。有个美国人去开金矿，只在表面上挖一挖，没有挖到，他便失望地把机器卖掉了。他为什么挖不到金矿？因为他没有动脑筋，只是简单地挖了挖。这个美国人把100万元买的机器，20万元卖给了第二个人，第二个人根本不懂，但他请教专家，利用他人的智慧，终于在被人放弃的地方找到了金矿。他动用智慧，从外行变成了内行。他主动解决问题，而不是像前面那个人挖得到就挖，挖不到就算。什么是再次挖掘？就是主动解决问题，主动处理问题，还要有激情，没有激情是做不好事情的。要有既然来了就一定要挖到座金矿的决心，要排除万难把这个金矿挖出来，这样才能找到金子。

前面那个放弃金矿的人后悔了，他100万元买的设备20万元卖给人家，结果人家就挖出了金子，发了大财。这个人总结经验：第一是自己不懂，应该请教专家；第二是遇到困难缺乏坚持精神。这个人总结经验，后来成了全美第一流的推销员，这是一个真实的故事，很多教材里面都有，这类故事到处都有。

希望集团是人才事业成功的载体

我们有追求，我们有事业，我们有发展，我们有机会，而企业又需要有资金、技术、商誉、经验，把这些结合起来，我们的员工只要努力工作，努力提高自己的能力，几年之后再回头来看自己，都会感到自豪。所以，从这个意义上说，希望集团是人才事业成功的载体，我们置身于其中，只要努力去做，努力付出，为企业、为社会做出了贡献，自己的能力也能得到极大的提高，并受到社会尊重，当然也要获得合理的报酬。

我们用人不是从竞争对手那里去挖，而是绝大部分用外行，这是我们非常成功的经验。我们知道用外行是非常难的，他不懂，我们要教他，但这样做我们的面就非常宽，我们的选择就容易了，我们就能够选择到比较优秀的员工。优秀员工并不一定是内行，只要他有基本素养，在希望集团这个事业成功的载体上，他就能超常发展。

培养一个人要花很多时间，培养的前提是他有发展前途，有好的品质，有基础知识，愿意付出，工作主动，没有这些潜质不行。没有创新精神，没有激情，绝对不行！我们有的干部文化程度不是很高，但经过长时间培养，自己又愿意学习提高，也能成功。

对一年跳两次槽的要看情况，对一年跳三次槽的我们一概不要。为什么我们规定不准抽烟？除了防火之外，更重要的是不抽烟的人自制力比较强，我希望能够使用素质超前一些的干部。

在没有来希望集团之前，大家也许都是外行，但我们有能力把大家培养成内行，有能力把大家培养成专家，前提是你要廉洁奉公、努力工作，更重要的是你得注重学习。因为你不懂，你容易接受我们的指导，我们的企业文化容易进去。你成了内行，你就是真正的“希望人”了，这时你也容易保持下来。

国家强盛与否，关键在于国民素质

我曾到美国一家日产100吨的饲料厂参观，他们除了饲料是散装的以外，其他生产流程完全与我们一样。我们这样大的产量用了多少人？100

人左右。他们用了多少人？连厂长在内只有5个人。人家只有5个人，劳动效率是我们的20倍，美国饲料厂的工资刚好也是我们的20倍。因为美国工资高，厂长也要干具体工作，厂长要兼烧锅炉。美国的厂长要兼烧锅炉，不然企业要垮，这是逼出来的。

我们和世界先进国家的差距固然有资金、技术、规模、自动化程度等方面的因素，但最关键的还是国民素质的差距。我们花了很大的力气，工资只有别人的十几二十分之一，但总体上人力成本相当。我开始以为是技术问题，特意去看了一下，不是。我们跟他们的差距在哪里？主要是他们不需要一些多余的投入，比如我们的饲料厂都有围墙、有门卫，内部还有一些监督机制，而美国的企业没有。所以说，当下最重要的事情，就是提高人力资源效率。

美国的饲料厂根本不需要化验员，他们用什么来把关？生产靠配方，配方是定了的。原料靠什么？靠合同，靠标准，根本不需要化验员。我们说要提高质量，以为一定要有化验员，还要设置什么品管部，实质上都是不需要的，这是在国民素质不够、生产不规范的情况下不得已而为之。我们的原料供应商掺假，把质量差的东西送来，在国外查到是很严重的事情。你想想看，一家工厂，保安省掉了，门卫省掉了，地磅房人员省掉了，化验员省掉了，收货员省掉了，发货员省掉了，锅炉工省掉了，微机员省掉了，化验室省掉了，会计省掉了（国外的会计多是会计师事务所兼职的），甚至出纳都省掉了，根本不需要现金，都是信用卡，你工厂没有人了，全部是生产人员，而且都兼起来了，效率怎么能不高呢？这说明法制、素质、制度，再加上才能，才有真正的高效率。

我国经历过长期的封建主义，没有资本主义契约经济，20世纪50年代计划经济时代大家还讲信誉，到了与市场经济接轨时，大家认为钱能解决任何问题，都去找钱，五花八门的事便产生了。经济学家魏杰说，我们中国人有两大毛病：第一，不是自己的钱想往自己的包包里头塞，是贪污受贿；第二，掌握了企业的无形资产，掌握了企业的技术，掌握了企业的市场，就想跳槽当老板，想短时间内发财。这种消极思想使我们的干部眼睛死死地盯着金钱，而不愿提高自己的素质。什么为社会多做贡献，根本不屑一顾；什么通过自己的劳动为集团创造价值，然后得到合理的报酬，他说我已经等不及了。

国家强盛与否，关键在于国民素质。我到各分公司去看，很多岗位是可以减掉的，但现在还不行，为什么？素质不行。我们的饲料厂首先要修围墙，围墙拿来干什么？防偷。门卫要三班倒，还是防偷。地磅房我们要三个人看秤，是防止弄虚作假。我们的收货组、化验室要验秤、验货，怕人掺假。我们层层把关，都是用来制约人的。接下来交现款，我们不收支票，为什么？怕是假的。这些都是用来制约人的，这些占了企业的一半，实际上这些人完全是可以不要的，完全是额外成本。你看我们国家的机构越简越多，而且不断成立新机构，这些都是用来监督人的。

我们也在社会之中，不可能是一块净土，但我们可以创造相对优势，我们可以做到企业内部是相对的一块净土。我们已经初具规模了，这时关键就要看我们的素质能不能提高。我们可以假定员工相互之间说的话基本可信，我们不去谋私利，大家共同维护公司利益，很多部门就可以精简，我们甚至可以立即让员工的工资翻一番。除了淘汰之外，留下来的人我们必须想办法提高素质，提高能力。在这种相互之间信任的环境之下，我们的员工就可以挑大梁，我们就可以超常发展。大家为集团做贡献的同时，自己的能力也会得到极大的提高，这时，你自己的自信心增强了，机会就更多了。我们和西方国家最大的差距就是国民素质，我们要让我们自己的职工素质超前于国人，这样，我们就可以立于不败之地，接下来才是技术和管理。

我们生产线上的员工，高中文化程度的都不多，美国的生产工人都是大学生，都是工程师，这是文化上、技术上的差距，但第二个差距更大。在美国赶飞机，从来都没有人来挤，下飞机都规规矩矩的，我们中国都要有一根黄线。我走了那么多国家，从正面看我们中国人最聪明，换在外国人眼里也可以说最狡猾。我们中国人首先假定对方说的是假话，为什么呢？就是不信任。如果这个假定不存在，我们就多了一份效益。到了那个程度，光凭这一点，就可以使整个社会的财富增长一到两倍。但我们现在还做不到，只有慢慢加以培养。应该说，我们现在已经有一些条件了，上海是中国法制最规范的地方，但仍然不够，我想中国跟先进国家最大的差距就在这里。

从宏观上看，我们个人或者一个企业，是不可能解决这个问题的，它有一个过程，但作为一个企业来说，我们完全可以稍微超前一点。我想，在国民素质整体不高的情况下，如果我们的素质提高了，我们的劳动生产率就会大大提高，我们的竞争力就会非常强。美国的现在就是我们二三十年后的现在。因此，我们要加强培训，不管是自觉的还是强制性的，首先要动起来。只有这样，企业才能生存下去。

昂贵的中国人力资源

我到韩国一家面粉企业去参观，给我的刺激非常大。那是希杰集团下属的一个面粉厂，每天处理小麦的能力是1500吨，雇用了66个员工，他们的工作效率之高令我惊叹。我是干这一行的，我知道中国同样的企业一般生产能力是几百吨，员工一般是100多人。更令人刺激的是在与这个厂的管理层交谈时，他们说也在中国办过厂，250吨的处理能力雇用了155个人，效率与韩国比居然有10倍的差距。经过一段时间，他们觉得效益太差，就把这个厂给关了。

是什么原因呢？韩国的这个厂是20世纪80年代投入生产的，在中国的那个厂是90年代建起来的，比老厂还先进，管理者同样是韩国人。我问那个厂长：为什么同样的设备，同样的管理层，中国那个厂就要雇用那么多人呢？那个厂长很含蓄地回答我说：“中国人做事不到位。”就是这句话，让我回来以后几个晚上睡不好。我知道，当着我们这一群中国人，那个厂长的话已经十分客气了。回过头来看，我们中国人在企业里做事确实不如韩国人认真。首先是他们的手脚不停，无论是工人还是管理人员，手头的工作做完了就一定有别的事做；另外，他们是一专多能，比如厂长觉得他的岗位比较空闲，就会做一些其他事，而我们还存在着我把自己事做得差不多就够了的想法，所以我们的效率就低了。

但我还觉得还有问题，因为即使是这样，就算他们每个人干了我们1.2个人的事，我们也不会与他们有10倍的人力效率差距呀！琢磨了好几个晚上，我想到的是，这种人力效率上的差距绝不是简单的加法关系，并不是他们一个人做了我们1.2个人的事，10个人就相当于我们12个人。效率是乘积关系，一个人的效率是我们的1.2倍，10个人的效率就是我们1.2的10倍，所以他们的10个人就相当于我们100个人。

那个厂长的一句“中国人做事不到位”，确实把我们的毛病指到了根子上。这样一算，我得出了一个惊人的结论：中国的人力资源成本其实是非常高的。不要光看我们每个人的薪水很低，我们做事情的效率也比人家低，而且每个人都低那么一点点，体现在一个企业、一个社会中，就是一个非常大的差距，这种差距并不是靠管理就能解决的。管理者可以定出一个人应该怎么干，但管理者不能说你干完了还应该做点什么，这种补位意识完全靠自觉。

这种差距我们一定要补上。我们每个人都在抱怨自己的薪水太低，每个人也都希望中国更加强大，但是否每个人都意识到我们自己少做那么一点点就会与他们拉开很大的差距呢？我看不是。中国的市场竞争已经拼过了好几个阶段，胆量、技术、规模、宣传都拼过了，现在我们这些企业与发达国家的企业在很多方面已经差不多了，看起来员工与员工之间的工作也差不了多少，但为什么还有那么大的差距呢？我认为，就是每个人那么一点点的差距，造成了企业之间巨大的落差。

这种意识上的提高是很难的，关键在于一个也不能落下，所有人的效率都必须提高到那样一个水平上。这要靠天长日久地造成一个氛围：如果我们每个人不是把事情只做9分，而是做足10分，如果整个企业、整个社会都这样，我相信我们就能拿10倍于现在的工资。如果我们每个人的工作都再改进一点，做足11分，我们不就能赶上欧美了吗？

我认为，在今后相当长的一段时间内，我们参与竞争的核心竞争力就是成本。因为质量到了一定程度再提高很难，质量过剩也是一种浪费。影响成本的最大因素是效率，一个是投资效率，一个是时间效率，一个是人力资源效率，这是最关键的，很多人忽略了这一点。中国工资比较低，和世界先进国家比，大约是1/20，但单位成本的工资中国往往更高。原因是什么？就是效率低。工资低本来是我们的竞争优势，但被低效率冲销了。

韩国的工人大部分是大学生，除了一些较老的高中生外，文化程度都很高，平均效率也很高。上班之前要搞班前交接，下班后要讨论明天的工作怎么改进，这样日积月累，把全部改进都保留了下来了，不像我们，有些改进过一段时间又回转了。很明显的就是关系员工身体健康的粉尘，我们花了很多钱，每年还在检查，但我们的布袋除尘器、旋风除尘器、风管风网系统还是坏的，什么原因？是干部素质、员工素质低，是小生产者的随意性导致的。员工不知道这对他的健康有害吗？知道，反正能过得去就算了。这一是员工不爱惜身体，干部也没有这个意识，生产过得去就行了。我们的生产效率非常低，我想我们的精细化管理、规范化管理、标准化管理至少还要做十多年，我们与韩国相比至少还有十年的差距，我们要反复讲、反复调整，奋力追赶。

我每天晚上都在学习

要办好一个企业，对主要负责人的要求是非常非常高的，对他的知识、素质、判断力等都有很高的要求。他必须是一个追求事业者，他必须是一个工作狂，他是24小时甚至做梦都在工作。只有这样才会形成这个风气，才会影响他的下属，才会带动他的下属，这个企业才有活力。所以，从这个意义上讲，我们的部长，我们的总经理，如果要成功，自己必须非常努力，光认真还不行，认真是对员工的要求，还要用心，这个要反复讲。你必须用心，用心你才能改进工作，用心你才会感到不足。

有时企业家也凭直觉办事，但完全凭直觉办事会造成重大损失。我回家干什么？学习！我每天晚上都在学习，不学习我的知识就跟不上，不学习我就看不到事业怎么发展，不学习我就看不到社会怎么发展。因为我接触社会比较少，所以我拼命学习，像海绵一样有点知识就把它吸住。我们在大学读的那点书太少太少了，当然它非常重要，它教会了我们怎样思考问题，它提供了我们再学习的能力，但仅仅靠那点知识又很容易被淘汰，社会进步太快了。我搞过修理，以前是电子管、晶体管，以前要进行无数次调整，现在是大规模集成电路、数字化电路，以前那一套就被淘汰了，那么我要从事这个行业就需要再学习。就是说，以前你学得再多，哪怕你是博士，如果没有这个学习过程，也很容易落伍。所以说，干部学习非常重要，希望大家一定要认真对待。我就不认为我非常了不起，我每到一个地方，每到一个企业，都会发现别人值得我学习的地方，只有这样你才真正了不起。我们住在外面的干部，如果你的业余时间多数用来逛街了，用来看电视了，你就要检查一下自己了。如果你不努力进步，你就可能被淘汰。如果你占据了高位，你不比别人更强就必须要让贤，因为你不让贤我们的企业就缺乏竞争力，企业就会被淘汰，这是没有办法的事情。

我的危机感非常强，这是我的优点，我最大的优点就是危机意识强，我感到自己不足，所以我提出了创新业精神，就是把过去取得的成绩看成零，重新起步。有了创新业精神就不会骄傲，不会浮躁了。有了创新业精神就会不断追求改进，就会比别人更强一点。哪怕你现在比别人强一点也只是相对的，别人也在努力，所以，我要求我们的干部要学习，不要当成形式。关键不在课堂上学了多少，而在于平时学习，如果连这一点都学不进去，你最好不要当管理干部。

人类任何科技成就都是在前人基础上取得的，所以，我们向外资企业学习不丢面子，我们学习就进步了，进步了还同他竞争。市场竞争之所以能促进进步，就是逼着你去学习人家的长处，实际上他们也在学习我们。20世纪80年代初我们靠胆识取得成功，后来每次都抓住了机遇，现在回头来看，我们也没有什么了不起，是中国改革开放的大环境给了我们机会。

一个人的成功靠什么？希望集团的管理靠什么？就靠向外资企业学一点，向国有企业学一点，向个体户学一点，我们自己再创造一点，也许只占百分之二十，所有能为我所用的东西，我们都要学过来。

当时用了就大错特错了

早在1992年我们刚建分公司时，就有人向我推荐了一个外资企业的总经理。我思考了很久，要想占便宜那时最好。为什么呢，我们管理一个集团还没有经验，参与市场竞争也没有经验，他们那时是一枝独秀，盈利非常好，我们还没有多少名气，只不过第一个公司刚刚做好，而且条件还比较差，我们能不能在全国取得成绩还前途未卜。这时，一个外资企业的总经理凭什么来你这里？理由不充分。一个非常优秀的企业都留不住他，要把他挖来，我们必须给予更高的待遇，如果我们用高薪把他挖过来，别人也会用高薪把他挖走。还有，外资企业自己的文化，因为他是内行，你把他请过来，他就会有一个感觉：我比你们资历更长，他实行我们的管理制度、营销制度就更有困难。如果他来我们这里，他会把他们的文化搬过来，当时用了就大错特错了，我们就不是希望集团了。为什么呢？他可能把大手大脚的习惯带过来，我们用不起。所以，当初我们没有用，后来也没有用。但现在情况发生了变化，首先是对方也在反思投资上的失误，这恰好证明我们的模式是正确的。其次，我们恰恰是到了该狠抓营销的时候了。

从1986年开始一直到1995年，营销不是问题，你生产多少就能卖出多少，不需要抓营销，甚至我们连销售部经理都没有。到了1994年，我们一个月销3万多吨，这时不是营销问题，我们是顺势而行，走对了路，碰上了运气。从1994年到1997年，这时我们迅速地把点铺向全国，没有更多精力来狠抓营销，那时能够快速布点就是我们的利益所在，因为市场给我们的时间不多。1995年我之所以坚持“分家”，就是意识到能够快速建厂的时间就只有那么几年了，不能再由几个人一起议而不决了。事实证明，我们这样做对了。一直到1998年以前，我们主要是布点建厂，这时粗放的管理没有问题，甚至不抓营销也不是主要问题，因为我们知道那时即便是粗放管理也能度过难关。在1996年时，我们开始抓精细化、规范化管理，我们抓对了。粗放管理我们能够迅速占领市场，精细化、规范化管理使我们在市场疲软时还能增长，或者下降幅度不太大。但从发展来看，仅仅抓精细化、规范化管理是不够的，这只是节流，节流还要同开源相结合才能成功。外资企业的危机就在于不节流，我们现在则是开源不够，所以我们两家犯了不同的两个错误。我们的节流工作通过这几年努力，投资比较合理，损失很小；第二个是我们抓了两年的精细化管理，要把成果巩固下来，因为一放松就不得了，因为我们在开源的同时，很容易带来忽略节流的负面效应，使管理松散，这不能放，而且在可能的情况下，我们总结出来的经验还要推广，节流工作要继续抓。不过，我们仅用30%的精力来抓就可以了，我们要把70%的精力用在开源上，让销售上升，让生产力提得更高，让成本降得更低，使企业更有竞争力，这就是我们今后几年所要做的工作，以开源为主，开源同节流相结合。

我们过去从不到外资企业挖人，事实证明，如果我们当时从他们那里挖人就糟糕了，事实证明我们成功了。现在情况变了，我们需要而且可以从外资企业聘用一些优秀的人才，来弥补我们的短板。

三个驾驶员当上了总经理

如何在为企业做贡献的同时使自己的才能得到提高？需要我们大家共同来开发潜能。前几年我们强行要求学习，尽管有人非常反感，认为是不务正业，可我认为把大家的潜能开发出来，恰恰是最大的事业。你们改进了，你们成长了，我们就成功了。

我们就有三个驾驶员通过这种学习当上了总经理。第一是品格，他们以企业利益为重，经得起长期考验；第二是他们把本职工作做得很好；第三是愿意寻求额外压力。我们不给任何人铁饭碗，我们的保证就是给你提供机会，最大的安全是自己能力的提高，特别是你的奉献精神。只要是有潜质的人，你认真学习，不断提高自己，想办法求得更多的锻炼机会，想办法把每件事做得更好一点，不断积累，就一定能够成功。果玉林、杨再兴、杨大都是驾驶员，他们的文化水平都不高，他们都能走上领导岗位，说明我们求贤若渴。

北京美好的果玉林原来就是北京朝阳区皮革厂的总经理，企业倒闭后被我们兼并了，把他降为驾驶员。他放下架子，愉快地接受了这个工作。几年来，他工作兢兢业业，从来没什么不平衡。前年我对他说，你的心态很好，你能不能担任更重要的职务呢？他说，如果给我机会当然好，不过现在这个工作我也很满意，公司的发展前景又好，我就靠希望集团了。企业要我去做更重要的工作，就看我能不能做下来。我们考察了一年多时间，他仍然不骄不躁。机会来了，我们把他放到销售上去锻炼。新公司需要人，我们又把他调去当总经理，他做得非常好。

杨再兴是新津人，1994年就到北京美好当驾驶员。他对市场非常熟悉，经常向领导提建议，遇到危险也能挺身而出。有一次，他开车去迁安强大，迁安强大的车在前面跑，他看见车在冒火，便不断鸣笛，前面听不到，他便超车到前面去停下来，把迁安强大的车拦住，再把自己的车开远一点，主要是担心那辆车爆炸。既然害怕爆炸，他就应该躲避，但他不是躲避，而是跳下车拿起灭火器，冲到正在燃烧的车子前面。他迅速打开车盖，把灭火器拿起来喷，喷完又把那辆车上的灭火器拿来喷。我们破格使用，把他从驾驶员提起来，直接担任总经理。为什么？因为他除了有这个品质之外，还有当总经理的潜能。我们整顿了驾驶员工资，我问他的收入受到了多大影响，他说减少了两三百，但没有关系，他说企业没有制度不行。他知道感恩，知道满足，从不抱怨，这是一种良好的品质。平时我们就在注意他可不可以培养，只是没有告诉他。所以，我们不要羡慕人家抓住了机会，其实这个机会是长期积累的，你准备好了机会就是你的。

总部驾驶员杨大从小就了解希望集团，也跟了我们很长时间，一直都是修车、开车。从平时的谈话中你可以看出他对企业非常关心，慢慢地也学习了一些管理经验。后来我们想考验他一下，就把伙食团交给他管理，目标就是降低损耗，改善伙食质量。以前之所以大家不愿意吃，说伙食搞得不好，浪费太大，光是电一个月就有1000多度，气是1000多方，水将近800吨，我知道潜力很大，让他想办法改进。一个多月下来，气降低了2/3，电和水也降低了1/3。有很多不起眼的事，他都是用业余时间做的，没有增加一分钱待遇。接下来，他又说下一步还要来管理好炊事员，让他们如何买好菜，降低成本，这都展示了他的管理才能，所以就破格提拔了他。

希望集团是人才成功的载体，是很培养人的呀！你说我们挑选个驾驶员出来就可以当总经理，这就是人的潜能！这三个人都是初中文化，别的人都是大专以上文化，基础比他们好，机会都是平等的，我们有这样的机会，就看大家如何把握，我们还需要大量的总经理和部门经理。我们为什么给大家推荐《潜能成功学》呢？有些人理解很肤浅，认为这些东西哪个不晓得嘛，但你认真思考过没有？你认识到你自己的潜能没有？你的自信心强不强？你是自信还是自负？你是怎么样对待上级、朋友和下级的？你怎么样为下级提供机会？你怎么样为上级排忧解难？你怎样把平凡的工作做好？你怎样增长自己的才干？增长了才干才能挑大梁，有了才干就有办法，有了办法就有了自信心。

每个人都有很大的潜力，从这个意义上说我们每个人都能成功。我们单个人的素质并不是很高，但我们整体上的战斗力很强，我们要不断调整，不断培训，不断整合，让我们的思想观念成为大家的共识，这个合力非常重要，这正是我们的优势所在。

从水的热容量谈起

冰——水——水蒸气，三者之间在一定条件下可以互相转化。水有热容量，并不是在吸收或释放热量之后马上发生变化，但到了临界点就一定会变化。每吸收一卡热量，冰的温度都会升高。在0℃时冰水混合，尽管在吸收热量，它的温度并不立即升高。水在0℃到100℃之间时，每吸收一卡热量，温度都会立即升高，但在100℃水变成水蒸气的临界点上，它吸收热量，温度却不马上发生变化。这两个吸收能量但并不发生温度变化的临界点，实际上就是贮能的过程。

人才也是一样，在到达一个新的成长平台之前，虽然其潜能在成长，但在职务和待遇上不一定能体现出来，一旦跨过了这个相变点，他就会迈上新的台阶，开始释放更大的能量了。

水蒸气的温度越高，它的压力越大，做功的能力也越强。人才也是一样，一个人能承担的压力越大，综合能力也越能得到充分体现。所以，我们要不断地给自己施压。如果我们满足现状，走轻松的路，就对不起我们的潜能，对不起几千年难遇的发展机遇，更对不起那么多努力奋进的员工。

一次出差碰到一家公司的高管，他乘坐头等舱，当他看到我坐普通舱时感到很惊讶，说他感到很惭愧。其实，开车也罢乘飞机也罢，都只是代步的工具，没有必要去奢华。企业的资产我有权利支配，但没有权利浪费，因为那是社会财富。《南方周末》说我“不做大款做大事”，现在我依然保持这个观点。如果我坐普通舱，我们的部长会坐头等舱吗？我们的总经理会坐头等舱吗？我相信不会，除非有特殊情况，这就是榜样的力量。我们的六条价值观是集团衡量一切的准绳，任何行为用它来比，符合的就大胆地去做，不符合就坚决不做。

光有压力还不行，还要压出点苦味来

光有压力还不行，还要压出点苦味来，管理一放松企业就不行了。人必须不断扩大自己的“舒适区”。我们要不断把“非舒适区”扩大成“舒适区”，这样不断循环，始终把干部放在“非舒适区”和“舒适区”的边界上。要压出点苦味出来，要有点叫喊才行，只有这样才能锻炼人。这就像担担子一样，让你担个5斤10斤，你的体力能增长吗？你能担50斤就给你60斤，让你有点苦味。当你担得起60斤时再给你80斤，你担得起80斤时就给你100斤，你担得起100斤时也许要给你200斤。只有这样，你的能力才能不断提高。其实，任何事情都一样，每提高一步都是艰难的，但如果你开发潜能，坚持下去，虽然要经历艰难险阻，但成功却是自然而然的事情。所以说，优秀的人都需要挑战极限，企业也需要挑战极限，就像奥林匹克运动会，每项竞赛都是一个不断挑战自我、挑战极限的过程。

比如泸州希望的袁旭明，1991年是我亲自招聘的他。当时他们两口子生活没有着落，去帮人家卖衣服，一个月只能挣150元钱，而且还经常拿不到。后来他爱人找到我，希望能让他来希望集团工作。当时他很腼腆，不敢来，他爱人把他带来见我。他爱人告诉我，他能吃苦，力气很大，我拍了拍他的肩膀，这个小伙子很结实，我们正需要装卸工，就让他去当了装卸工。别人背一袋他背两袋，大家都服他。他比较聪明，自然而然就成了小工头，虽然没有谁任命，但整个装卸队都服他。后来他当上了生产组长、车间主任、副总经理。他是小学文化，当副总经理能行吗？他自己都没有信心，我说不要怕，你努力去做，你很聪明，你也很实干，你一定能行！给他压担子，他后来就当总经理了。

北京美好的杨希刚也是这样，他当时是销售部经理，我看他有潜力，在任何人都不知道的情况下，我想试一试他，就提他为副总经理。后来我们筹建新公司，就故意把总经理调走了，让他主持工作。接连提了两次，他都感到很意外。他说，董事长，我不行，你才把我提为副总经理，又让我主持工作，我不懂管理，不要把公司弄砸了。但我认为他有这个潜力，他工作比较投入，头脑比较聪明，我说你不懂来问我，生产上不懂你问生产部经理，销售上你懂嘛，办公室有办公室主任，你只要把大家的积极性调动起来就行了。中间他多次给我打电话说，董事长，我怕不行，我说你行，不要担心，出了问题我承担责任。三个月过后，我打电话问他如何，他说现在差不多了，找到感觉了，我说好，继续这样做下去！之后一段时间市场极度疲软，但北京美好销售不但没有下降，还有显著上升，并且利润一直名列集团前茅。这就说明，我们的干部只要给他压担子，压出点苦味出来，就可能取得意想不得的成果。

我们在管理上要施加压力，施加压力就是要有点苦味，就要有点痛苦的感觉，就要有点力不从心的感觉，就要有点紧张不适应的感觉。如果任何改革都让你轻轻松松，让你舒舒服服，轻而易举就能推广下去，这个改革力度肯定不够。我相信大家都有这种感觉，当某件事情压力比较大时，你努力去做，就可能取得成功。连续做几年以后，你就会感到提高很大。你没有压力，轻轻松松，几年以后你就废了。当年国家科委主任宋健到我们这里来，看到我们高兴得不得了，他就说我们的专家教授、科研人员傻得很，成天就待在机关里面，端杯茶看报纸，等着国家给他涨五块钱的工资。工作几年，这些优秀人才基本上都被废掉了。为什么呢？躺在“舒适区”里感到很轻松，但轻松不能锻炼人。你只有训练得很苦，快要受不了了，适应的就提高了，不适应的就被淘汰了。所以说，我们在推行每项管理时，如果大家都轻轻松松地接受了，就说明压力不够。

要不断扩张自己的“舒适区”

很多问题实际上大家都有这个潜能，比如边际成本，个体户都懂，他不需要学。我们有些总经理就不懂，他不是不懂，如果让他去卖香烟就懂了，让他去卖小菜就懂了，因为你不懂就赚不到钱，为什么当了总经理反而就不懂了呢？我问了一些总经理，他就是不懂，因为希望集团给他创造了一个“舒适区”，他躺在“舒适区”里不愿意出来。我们为他创造了好的条件，但施加的压力不够，所以他变得不懂了。你启发他一下好像懂了，但实施起来又不懂了，还是用心不够，或者知道又没有加以改进，知道了是怎么回事却不愿意去做，因为做是很辛苦的，做这些事情是非常讨人嫌的，因为你要做你就必须改进工作，必须算成本，算成本你又必须施加压力，施加压力大家又不舒服。有些总经理很聪明，一天笑嘻嘻的不想得罪人。实际上你并不是得罪人，你按制度办事实际上是帮助人，只不过我们的员工他不适应，当你这个计划行得通时，你大胆地去实施，他适应了就理解了。首先是提高劳动生产率，虽然工作紧张了，但我们不浪费时间，我们可以提高工作能力，接下来就是降低成本，增强了企业竞争力，至少我们不会丢饭碗。如果企业没有竞争力，最终对大家都不好，因为企业被淘汰了就是对员工最大的不公平。所以说，在推行这些工作时，我们的总经理必须承担责任，要先当坏人后当好人，当大家的改进意识不够时你必须强制推行，大家可能会有怨言，没有关系，他适应了就对了。我们不是没有道理的，是科学的，是为了企业生存，也是为了他的生存，他明白了这一点就适应了。在这个问题上不要怕得罪人，不要想当好好先生。

要做好领导者，首先要克服自负心理

我们下一步的发展，就取决于我们全体员工，包括我本人能不能认真学习，努力提高自己的素质，这是至关重要的。一个企业做到我们现在这个样子，最重要、最核心的工作不是挣钱，不是创造好多利润，而是从董事长到基层员工素质的提高。

自信是不排斥人的，因为是你自己进步，你愿意上进，你感到自己有能力，所以你就不断吸取知识，不断吸取别人的意见，你对下属加以培养，你相信自己的能力，而不是把下级压着不让进步。自信呈开放状态，很多人一说自信就是谁也不如我，这个你就是自负了，你怎么能拿别人的短处比自己的长处呢？当你总是说自己以前如何了不起时，你就属于自负了。不要去说自己有什么了不起，我们每个人都有不足，上进的人是不怕揭丑的。

人都有惰性，人的本性是趋乐避苦，我们要与自己的本能作斗争。在新津总厂建起来以前，在20世纪80年代，我就搞了流水线作业。我把零件买好，就在电路板上放三个零件，把三个插起，然后又把第二个三个插起，让自己思想上不去偷懒，不让自己把时间浪费掉了。100个插完了，再翻过来焊上，最后再走一遍。通过这个流水线，我发现工作效率提高了五倍。我大哥刘永言把我这个思想放大，搞了一个单人流水线，日本现在也在提倡单人流水线。如果没有改进意识你就想不到，我们人人都能改进工作。总部必须改进，谁阻碍工作改进谁就会被淘汰。

一个人素质高不高一个是看你的谈吐，但这是表面的东西，本质的东西就是受到诱惑时对企业的忠诚，遇到困难时对待问题、分析问题的能力，你的敬业精神、你的投入这是真正的素质。提高素质要经过长期锤炼，是一个不断积累的过程，没有谁的素质高到封顶了，因为素质也是跟人跟知识联系在一起的，一切都在变化。

做好一个领导，首先要克服自负心理。如果把官位、工资放在第一位，绝对搞不好。我们的干部首先要带好头，带好头积极性就起来了。如果我们的领导都坐在办公室里，不去深入实际，不去发现问题，哪个愿意去动呢？第二个就是要团结人，将大家扭成一股绳。但团结不是一团和气，而是在原则基础上团结人，用自己的模范行为去做榜样，要以你的决策去服人。还有最后一点就是必须要勤奋，如果要睡懒觉，你最好不要当总经理。如果你不去发现问题，不去认真思考问题、解决问题，你最好不要当总经理，你当不好，当了都要掉下来。

取得了一点成绩的干部要走怎么办

取得了一点成绩的干部要走怎么办？没有关系，让他走。如果为了留下他们，就采用升职加薪的办法，这是自杀行为。你是总经理，你的责任就是把公司搞好，就是带领员工努力向上。如果为了私利，抱怨这也不是那也不是，我们就主动淘汰你。我们不搞苦行僧主义，但也绝不用钱来留人。什么叫鼓励呢？你做得好，及时给予肯定，让你具有自信心，让你相信自己能够做得更好。鼓励和奖励不同，我们要用奖励的方式，但更重要的是用鼓励的方式。我们挣钱是工作的自然结果，比较好的物质待遇是自然结果。在希望集团，做出重大贡献的总经理、部门经理，一定会逐步提高待遇，你该得到的自然能得到。悬赏方式只是匹夫之勇，只会产生浮躁。如果没有企业文化，就难以想象希望集团在每个地方都能成功。我们平平常常的干部，只要有基本素质，只要努力向上，他就能成功，这就是企业文化起了作用。

以前我们的流动率不是很高，每年总经理的流动率大致是

5%~10%，我认为这是正常的。有人要跳槽就让他跳吧，成心要跳槽的人是不能留的。

我们山东有个总经理，他非常能干，第一年投资700万元，他第二年赚了1600万元回来。我准备给他奖励，但他已经萌生了去意。他到处打电话，说哪个哪个给他什么待遇，我找他谈话，他说有人请他，我说那你就去吧，他又不走，但他已经不干事了。

我们河南有个总经理，干了两个公司，第一个比较成功，但到了后期就没有干劲了，就贪图享受了。这时他就想：我给希望集团一年挣500万元，出去之后挣300万元也可以呀！所以他到处找投资者，投资者就给了他200万元，他就跳槽出去了，而且还拉走了一帮人。有个大客户，占我们销量的1/3，他当总经理期间就用特殊优惠政策拉拢这个人，他想这一下好了，这1000吨拿到我就盈利了。跳槽后怎么样呢？因为质量不过关，加上市场疲软，原来的朋友突然间翻脸了，这时他采取了极端行动，就把这个朋友给绑架了。他本来只想威协一下对方，没有想到对方报案了，公安局到处抓他，结果弄得鸡飞蛋打。

还有个总经理，我奖励了他50万元，结果是什么？他头脑膨胀，走向了反面。他认为我了不起，我既然可以挣50万元，为什么不能挣500万元？现在怎么样？一塌糊涂。后来他不断打电话要求回来，我考虑再三，觉得他不适合回来，因为他的价值观已经异化了。

对这样的人我们针锋相对，绝不退让，不管你有多大的本事，不管你离开会造成多大损失，不管你控制了多大一班人，在原则问题上我们绝不退让。想想看，这样的人已经异化了，不如把机会留给其他干部。

我们有更多激励机制，就是能力的培养，就是给发展机会。在希望集团成功率非常高，只要你努力，只要你争取了这样的机会，损失了是企业的，个人成长了企业也有很好的收益，这样的机会确实难得，我认为这是最好的激励。我们不能把着眼点放在金钱上，虽然在现实生活中我们的员工都不富裕，至关重要的是我们的激励机制是建立在工资水平高于社会平均水平之上的。我们的干部做出了贡献，可以得到破格提拔的机会，可能在三年之内当上总经理，这在韩国做不到，在美国也做不到，在国有企业更做不到，这样相应的收入就增加了。有人说我给企业创造了多少效益，我该分多少？企业没有与你做生意，这样的人我只能让他走掉。每个企业都有自己的路线，这不是由个人举手表决的，企业有自己的法则，按照自己的规律在运行。我们必须通过董事长的努力，部长的努力，总经理的努力，部门经理的努力，全体员工的努力，来增强我们的竞争力，让我们的企业走在社会前面。你的能力提高了，企业就会尽可能地让你得到发展，但你要经受得住考验，耐得住寂寞。职务上的追求是你能力的体现，收获上的追求是你贡献上的体现，所以说，要得到的话要从能力上去追求，不要从职务上去追求，更不要从金钱上去追求。金钱是你努力的一个附带结果，并不是你的目的。这样看问题，你就容易成功，你就不会带着情绪去工作。当然，如果你能力高，去另谋高就，又有啥不好呢？

一个过去当过总经理的人给我写信说，有的人才走了很可惜呀，当时这些人并不是真想走，而是想与你撒撒娇，如果你用心挽留，这些人会留下来的。我知道这一点，但这是一个企业，如果过分挽留一些人而失去原则性的话，将没有办法管理。另外，一些人学了一些东西，想出去当老板也是对社会的贡献，但成功的机会很少，有的人没有成功，想回来，我认为这样不太好，也许他经过摔打会有成功的一天，如果让他回来，他会失去这样的机会。

有一个干部能力不错，想当总经理，但他现在还不具备条件，事实上我们也一直在关注着他，如果条件不成熟，盲目地把他推向总经理的岗位，对企业和他自己都有害处。于是他心里不高兴，外面有很优厚的待遇等着他，而企业现在还不能满足他，怎么办？让他高兴地出去，没有必要让他在集团里受委屈。

有些总经理自己没有想过要为他提薪，你不想并不等于企业不给你提，企业在关注你，你的能力达到了，对企业有贡献，我们绝不会忘记你。当然有时可能会疏忽，但从长远看，我们不会这样做。某次别人提了薪，你没有提，如果就此不高兴，工作起来没劲了，也许下次也不会有你。有的干部现在条件还不具备，或者我们暂时还没有看准，没有被提升，没有关系，你只要努力，一切都是随之而来的，不要刻意追求。我们的高层干部不应该刻意追求个人待遇，我们绝不会给刻意追求待遇的人在条件不具备时加薪，如果等不及了宁可让他走掉。

在总经理岗位上，我们的成功率在80%以上。前几年我们的人才流动率，总经理和部门经理级的保持在10%左右。我认为，要常年保持5%~10%的流动率。只有这样，我们才能为有潜质的人才提供机会。我们果断开除了这样一批干部，果断调整了一批干部，现在成效出来了。希望集团的优秀员工大有人在，我们新提拨起来的干部工作得比以前还好，不是吗！

绝对不能容忍受欺骗

我们可以容忍犯错误，甚至犯大错误都可以容忍，但我们不能容忍欺骗。我这个人最不愿意受欺骗，哪个欺骗了我，我会毫不客气的。

数据搞假的，这工作还有啥干的？这个问题要把它看得非常严重，绝对不能容忍这个事情。事实都了解不到了，你的一切都将是错的。我根据什么做决策？根据什么做判断？根据什么发指示？只有事实，只有真实情况，这是至关重要的。如果造假了，一切决策都可能是错的，而且这个一旦蔓延开来将不可收拾。每个人都难免犯错误，而且做的事情越多犯的错误也越多，纠正过来就行了，但做假是不可原谅的。我什么都能容忍，再吃亏都能容忍，就是绝对不能容忍受欺骗。

领导者的职责是什么

领导者的职责是什么？就是选好人，用好人。把人选对了、用好了，差的公司可以变好，反之，好的公司也要弄垮。领导者要引导企业前进，要发现人才，充分使用人才，要把有潜质的人才推向相应岗位，让他们的才能充分发挥出来。要让人才充分发挥，就要给他们创造一些条件。下面来请示汇报工作，你要给他出点子，这些需要做，但这是比较低层次的，更重要的是你怎样发现人才、培养人才，帮助他们开展工作，并教给他们一些方法，这才是领导者。你可以走在前面，但不一定都在前面，更多的时候你要站在旁边看，让他们去跑，你也可以在后面推着他们走。作为领导者，你走慢了，成了人家的绊脚石，你就应该让路。你在前面就必须比人家跑得快，这才是真正的领路人。

我认为，当好总经理有三点：一是要当好榜样，你要敬业，你要守法，要求员工做到的你必须首先做到。有了这一点，全体员工的精神就可以凝聚和焕发，因为你能严格要求自己，对人公平，大家就信服你。廉洁的总经理是没有人告状的，尽管工作中也会有失误，但大家会理解。相反，有些总经理任人唯亲，贪图便宜，所以，告状信不断。二是必须当好教师。如果总经理不能当好教师，不能教给人知识，你是不合格的。你要当好教师，就必须学习提高。总经理要担负培养人的责任。有人讲我是大老粗，我不会讲，培养不出来，那是不行的。你不能只是发号施令，你要让员工知道为什么要这样做。当教师就要不断学习新知识，否则你就没有知识可教给员工。你进步了，员工就进步了，员工进步又能促使你进步，这也是生存之道。第三是要当好员工的教练。教师和教练的相关度很高，从广义上讲，教师就是教练，教练就是教师。教师和教练混在一起，是不是董事长分得不清呢？不是。就好像我把成本和效率说在一起一样，分类上我们不能把两者放在一起，但我们还是要放在一起来谈。教师和教练都是要教别人获得一些东西，但二者仍然有所区别。教师，教学相长，互相提高，教学时可以互相讨论，互相争论，发表不同意见，这是广义的。教练是比较狭义的，教练更讲究方法，在教给方法时带有强制性，包括执行纪律。他是教给你技巧、办法，同时强调你必须这样做。所以，教师和教练有所不同，教师是更广义的，教练是更具体、更直接的，带有强制性的。如果我们能做好榜样、教师、教练，你的员工就进步得快，员工跟着这样的老总就可以实现人生价值，把潜力发挥出来，他就有可能做他以前做梦都没有想到过的工作。我们的员工很有潜力，你慧眼识珍珠，给他以成长的机会，这就是我们所要做的工作。你确定制度和方法之后，放手让他去做，也许会有失误，我们允许失误，关键是失误之后要改进。但这不要紧，只要他不是私心，只要他愿意调整和改进，就会成长进步。我们培养总经理也许同样会有失误，但这个风险还是要冒，因为在付出这个代价之后，他会慢慢成长起来，所以，我们好的总经理必须做到做好这三点，做到做好这三点，你的工作就会出成绩。

干部要把成绩让给下属，不要一有成绩就揽在自己身上，这个公司的成绩就是总经理的成绩，大家知道的。但是，每个具体的成绩都要让给下属，下属才会心存感激，把工作做得更好。成绩要让给下属，责任要自己承担，承担责任与掩饰失误是两码事，有人掩饰下属的失误是为了建立个人感情，这是走邪路。我们一定要当员工的铺路人，教会员工在路上跑，你也可以在前面领跑。在前面领跑，在旁边观察，在后边推动，都是为了帮助员工成长。

人才招聘培训工作异常重要

我们搬到上海之后没有在本地招聘，另一方面，四川又断档了，两方面都不足，这成了我们的“上海综合后遗症”，成了到上海的负面效应。如果人力资源跟不上，后备力量不足，没有办法筛选人，我们就可能会被淘汰。

素质不够便将就，有时可以给一些有潜质的人以发展机会，但在大多数情况下，改造一个人非常难，我们只有用筛选、培训和改造相结合的方式，他必须有改变的意识你才能改变他。第一个他要有潜力，第二他要想改变，他想改变的话他就会努力。除了这两点之外，你不可能改变人。要么就像生产岗位一样，用制度去约束。一些比较简单的机械劳动、体力劳动，比如计件、定量等可以用这些方法来解决问题，要动脑筋的人不可能用这种办法，管理人员不宜用量化的方法来考核。

每个部门的副手都可以是管家， 但一把手一定要是领导。当出现矛盾时，当事情出现瓶颈时，一把手一定要想办法突破瓶颈，没有开拓意识不能当领导。

总部有几种人不能用，一是消极的人不能用，二是只图赚钱的人不能用，还有一些不是很向上的年轻人也不能用。消极的人调整不过来就淘汰，总部一定要挑选积极向上的人。你看通用公司这个世界上最优秀的公司是怎么做的，就是要挑选人，尽管已经是最优秀的企业了，每年还有10%左右的员工被淘汰。一个企业要像一个球队，一定要优秀人才。一个球队12个人，你选16~17个，这些人都是你所能选到的最优秀的人，这就是我的观念。有能力的人不会担心，没有能力的人才会担心。他如果愿意提高自己的能力，他就不怕。你想想看，一个球队处在前4位的人他怕什么？处在16~17位的人他就怕，怕被淘汰。我们这个球队里面本身就是16个人，我再挑选4个人进来，前10位是不怕的，怕的就是后面这6位，还有2个也许有点怕，他怕我们就告诉他需要培训，要提高自己的体能，要提高自己的反应能力，要吃苦，这就是韦尔奇的管理方法。

我们必须有人才储备，有了储备我们才能通过培训淘汰最差的。因为企业生存在竞争社会里，不上进就会被淘汰。人才招聘培训工作异常重要，它关系到企业的命运。以前我重视不够，从现在开始我要亲自抓，必要时我要亲自面试，韦尔奇最重要的工作就是这个。

人家说希望集团管理好，实际上我自己知道，我们的管理跟世界先进企业相比，差之十万八千里。

我们要把培训学校办起来，始终保持60~100人常年培训，要把人才储备在培训之中。在职干部也要下岗培训，可以带薪，或者部分带薪。各部部长和业务干部都要讲课，我们也可以请专家来讲课。

按部就班的工作一定是没有进展的，招聘工作也要提高效率，甚至要算算成本。我们甚至可以变成不断招聘，每次都要注重效率和效果。这个效率和效果是结合起来的，效果包括人才素质，甚至包括以后有多少人成才。

只有用心才能改进工作

希望不要由我来检查你们这儿不是那儿不是，而是自己想办法改进，你发现的问题越多说明你越进步，你发现不了问题或者把问题掩盖起来，那就麻烦了。我们必须不断改进，永不满足，因为你刚刚调整正常了，新的问题又会出现。不断出现新问题，这就要求我们必须有创新精神。有些人对企业是非常忠诚的，尽心尽力地做，可以说全部心思都放在工作上面了，但你不改进工作，你没有那个意识促进下面改进工作，你也不行。认真就是不折不扣地把工作做好，但这还不行，还要用心，只有用心才能改进工作。为什么有的部门能把工作做好，但还有那么多问题没有解决呢？就是用心不够。

我们可以开一些现场会，到两个公司开现场会，一个好的，一个差的。把他们的部门负责人都带上，带上五六个、七八个公司负责人开一个会，讲解我们的管理，帮助他们进入“希望模式”。我们不只是批评指责，是让他们了解怎么做。一个是在好的公司开现场会，解剖这个好的公司，一个是在差的公司开现场会，两个作比较，带着这一帮人，七八个公司的30多个人，包一辆公共汽车，在两个公司跑，这样解剖两个公司就能带动七八个十来个公司，帮助他们走上正轨。

有了危机感的人反而是最安全的

有了危机感的人反而是最安全的，有了危机感的人会努力工作，并且充满自信。自信心和危机感看起来矛盾，实际上是不矛盾的，你充满危机感你要防止自己被淘汰，那么自己就努力工作，取得了成绩就充满自信。

中国的饲料企业90%要被淘汰，我们必须下功夫不被淘汰。有人会说希望集团效益那么好，销量那么大，在市场那么疲软的情况下都取得了这么好的成绩，怎么会消亡呢？会的。越是强大的公司，其破产就在一瞬间。英特尔的董事长说，如果企业最高负责人不是一个充满危机感的偏执狂，这个企业就要被淘汰，所以他成天睡不着觉。世界上最优秀的企业都这样，你说我们希望集团有什么了不起？所以，我们必须充满危机感，必须想办法把每件小事做好，以不断增强我们的竞争力，我们一点儿都不能有老大思想。

希望集团了不起，希望集团赚大钱，希望集团的员工就应该拿高工资，希望集团的员工就可以吹吹牛，坐高级轿车，住好房子，不流血不流汗就可以继续保持这个地位？错了，如果这样，希望集团很快就倒闭了！这样最对不起的就是普通员工。作为我本人来说，十几年前挣的钱都够我一辈子用了，现在效益多一点少一点，甚至是巨额亏损，跟我的生活已经没有多大关系了。也就是说，现在希望集团的财产已经跟我本人没有实质关系了，我不会使用这个财产，或者说这些财产已经成为全体员工的财产了，成为整个社会的财产了，我只是一个名义上的代管人。如果要图自己的收获，这个企业最好倒闭，倒闭了我的压力可能就真正减轻了。也许有一段时间不适应，但接下来就可以游山玩水了。如果企业真的倒闭了，损失最大的是全体员工。

我们的财富是全体员工努力所创造的，是他们流血流汗创造出来的。企业如果倒闭了，员工就要失业了，所以最对不起的是他们。所以，我们从董事长、总经理到普通员工，都要有危机意识，这种危机意识将迫使我们去做好每件小事，因为如果某件小事没有做好，企业就可能出现危机，滑下去就有可能倒闭。要倒闭的话，任何一点小事都可能促使我们倒闭，这就促使我们不得不从根本上下功夫，做好每件小事，让企业的竞争力不断增强。

我们鼓励做长跑运动员

我们多次试图搞出一个激励机制，搞出一个公式来，让大家明白自己该怎么做，该怎么努力，这从理论上说是行得通的，但我们搞了很多方案，经过多次讨论，一拿来实测都行不通，因为模拟的情况随便变一个变量，你就行不通了，所以我们采取了慎重的态度，原来准备出台，最后又把它放下了。现在看起来，幸好没出台，因为任何措施都是有奖有惩，奖惩兑现，奖容易做，惩有时就难以实施，忍不下心，何况奖也有负作用。比如，不管哪套方案，我们拿前几个月来测试，很多总经理可能会被惩得饭都吃不起，如果奖惩措施不能兑现，这个机制便毫无用处。

企业经营管理需要真理，但真理只有一条，我们经过反复思考，思考到正确的路上去了，正确的路实际上只有一条，就是最短的路线，直线只有一条，其他都是绕过的，虽然说都可以达到同一个目标，但其他都是绕过的。我想我们也要逐步地建立激励机制，怎样建立我们还在探讨，但有一点是肯定的，就是我们鼓励做长跑运动员，不让老实人吃亏，对忠诚敬业、努力奉献的人，必要时要给予奖励。这个奖励办法暂时由董事会掌握，这个奖励不公布。我们不是看一时一事，不是看现在疲软，我们就惩罚他，说不定我还要奖励他，我们应该看长远的，综合起来看这个问题就好说很多。

刘永行说用人

◇创业前，我一直在想一个问题：我们不应该这样穷，我们不应当这样闲 。

◇我要求总经理、部长摒弃打工思想，要真正成为希望集团事业的伙伴。当物质生活问题基本解决之后，如果思想还停留在原来挣钱吃饭的水平上，就不可能有大的发展。

◇中国需要培养一批真正的企业家和职业经理，这些人必须真正对企业的资产承担责任。

◇文凭只是一块“敲门砖”，门敲开之后就只能靠实力了。

◇我们的人才最应具备的素质是什么？第一个是坚信企业文化，第二个是敏锐的思维方式和创新能力，第三是非常强的执行力。

◇检验自己是否合格，标志就是你是否充满激情地去工作。

◇人的潜力是无限的，希望集团的很多员工都可以成为优秀的总经理。企业大发展多为员工提供发展机会，就是对员工的公平。

◇认真努力地工作与一般地工作相比，你并不需要付出更多的代价，但当你认真努力地工作一段时间之后，你会发现你的能力已大大提高了，这种能力也是一种财富。

◇谦虚、忍让、内敛是做人的美德，但不愿在别人还没有认识自己时主动站出来说“让我来，我能行”，这样将会失去很多机会。如果你有某方面的能力，但长期不表现出来，得不到锻炼，你的能力就会逐步退化，那样会真正被埋没。所以，你一定要大胆参与各种活动，积极主动地改进工作，让你的领导认识你，就会获得更多的机会。

◇做错了不要紧，失败几次也不要紧，“表现自己”本身就是一种锻炼。不断“表现自己”，不断改进工作，能力就会越来越强。但是，说到底，“表现自己”还是比较表层的东西，长期突出地表现需要真才实学做后盾。

◇一个人的能力最终还是体现在工作当中，你的工作绩效是你最好的“表现”，是你是否具有真才实学的最好证明，也是最终获得机会的根本保证。

◇我们培养的人才即使离开了公司，到其他企业去工作，也是对社会的贡献，因为他们可以帮助其他企业发展，在为自己赢得更多选择机会的同时，也为更多基层员工的成长提供了空间。优秀企业应该有这样宽阔的胸襟和自信。

◇家族企业最大的弊病就在于社会精英进不来，而且一家人的思维方式多少有些类似，就没有突破点。大家各有各的想法，要决策就很难，容易耽误商机。

◇我们看似很“保守”，但正是这种“保守”帮助了我们。

◇充满自信心地去努力，从小事做起，做好一件事情，你的自信心就不断提高，那么你不断地把这些小事做好，你的能力就会提高，你就可以挑大梁。

◇我们要变革自己的工作，当我们好像没有办法时，要看看是不是我们的思路进入了误区？

◇我们提工资、提干部从哪里提，是按部就班的还是有积极性的呢？我反感不干事的人，反感靠关系的人。我看人就看他的执着心、投入度，看他的发展前途。拿多少钱干多少事的人在我们这里没有市场。

◇道德品质的学习，心理素质的提高，这两点比业务素质提高还重要。

◇检查工作不允许去看风景，不允许到外面去吃饭。

◇我们的干部如果把着眼点放在挣钱上而不是搞事业，那就完了，他注定会失败，因为这样他一定会浮躁，其他都无从谈起。个人私欲得不到抑制，给你再多的钱也都得不到满足。

◇你能帮助下属成功就是你的成绩，就是你有能力的体现，就是你对集团的贡献。这种贡献比你为企业多挣点钱贡献还大。

◇员工的待遇只有通过加大劳动生产率来提高。

◇我们反腐败要大张旗鼓地反，但是我们不要在某件事情事实不清楚时闹得人心惶惶，有时我们表面上要紧，有时我们表面上要松。

◇人为什么会自负呢？就是因为自信心不足。

◇人的本性是趋乐避苦，我们必须跟自己的本能作斗争。谁都知道锻炼身体好，但又有多少人锻炼身体？

◇不求改进，不管多聪明的人对企业都是废人。企业发展的初期是抓市场、抓机遇，初具规模后最重要的就是抓培训，抓员工素质的提高。

◇香港不怎么堵车，东京也不怎么堵车，但北京堵车相当厉害，这与国民素质有直接关系。你看，有红绿灯还要警察，有警察还不行，还得有老头戴红袖标管车。

◇什么叫创新业精神呢？就是要以过去取得的成绩为零，不断改进，不断前进。有创新业精神的人只是少数，我们要把创新的东西总结出来，普及到所有的人，这就需要引导，甚至包括强制。

◇我们多数员工来自农村，多数有这种习惯——随意性，这是规范化、标准化作业的大敌，也是我们前进的阻力，尽管并不带有恶意，但它会给我们的改革造成困难。

◇用股权拴住员工，阻碍了员工的自由流动，不一定是好事，如果员工已经不安心了，却为了钱留在这儿，反而损害公司的利益。

◇品质管理有两层方面的含义，从狭义的来说，就是我们的原料质量、产品质量，这是我们品管部要做的事，但更重要的是员工素质的管理，是人品的管理和提高，包括董事长本人素质的提高。有了这个广义的品管，你的狭义品管就能抓好。

◇我们必须要努力提高自己，学习西方的管理经验，学习国有企业的管理经验，学习私营企业、个体户好的经验，再结合我们自己，形成我们的管理理念和管理方法。

◇我们不能光从品质管理抓品质管理，你技术再好，能力再强，你受了人家的贿，你出假报告，你品质管理有什么用？我每天都要花几个小时来学习，所有空闲时间，在机场，在工作间隙，在会见客人的剩余时间，甚至是坐汽车回家的时间，夫人给我开车，我都在看书看报，晚上在同总经理联系工作的间隙都用来学习，提高我的素质，不然我就没有能力来领导这样大的企业。

第五章

刘永行说管理

事事追求点点滴滴的合理化 5

[提要]

事事追求点点滴滴的合理化

事事追求点点滴滴的合理化，合理了还要再合理，我们叫“小题大做”。相比世界500强，人家都是做小事，而我们什么都做，但是什么都做不好。我们不能光学人家的战略，也要学人家的战术。我们不是整体不如人家，而是局部不如人家。每一个局部不如人家，整体就自然不如人家。所以，在企业内部就是做细节。

追求点点滴滴的合理化是管理工作的根本，我们每项工作都必须尊重事实，尊重各种科学原理，尊重人的本性。事事和点点滴滴两个修饰词是指追求没有遗漏的、深层次的合理化，合理化了还要追求更合理，永远持续下去，没有尽头，因为现在合理化了，条件一变就又不合理了，所以需要持续改善，让它更合理。这一条主要用于工厂的改进，也就是精益求精管理。

[释义]

刘永行先生认为，一切竞争力都是效率。他自豪地说："对效率的认识和把握是我的第一优势。"他说，要真正提高效率就要不断学习，我们学谁？我有一句话叫"集众家所长于我身"，就是向一切人学习。

刘永行先生认为，相对竞争优势是决定企业生死存亡的根本问题。他说，许多企业失败并非是资金不够，也不是技术落后，更不是规模不大，而是没有相对优势，也就是企业没有把生产、经营、销售体系建立在竞争的基础上。应该说，在经济工作中处处都会遇到"相对"的问题，比如相对优势、相对竞争。企业能否生存下去，不是政府、银行、领导决定的，而是要看企业能否为用户提供更高性价比的产品。

要通过转变观念、改进工具和提高管理水平，不断提高劳动效率。不重视效率的企业必将随着工资的刚性增长被市场所淘汰。在使用劳动力方面，要贯彻"多用机器少用人"的方针，以降低劳动强度，提高工作效率。

必须改变惯性思维，否则就会习惯成自然。习惯就是"舒适区"。一般人感到"很舒服"的就是惯性运动，就是只凭过去的经验做事。现在的管理标准、工作标准既要逐步完善，又要准备打破它，这就叫变革、创新。我们要一方面完善，一方面创新，完善之后就意味着又必须变了。成熟之后就要彻底打破，不然就不再成长了。因此，在东方希望工作会非常"累"，稍不留神就会因为留恋"舒适区"而被淘汰。

任何物体运动都有惯性，人的思维也是这样。这既是好事也是坏事，没有规范、标准、经验不行，因为以前的成功靠它，形成规范、标准就是打破原来的惯性。尽管以前是对的，但情况变了，所以要改变。凡是阻碍创新、变革的制度和方法都应该修改，否则企业就会老化。

刘永行先生说，根据"企业相对论"，一切财富都源自人的效率。

中国的人力资源成本其实是非常高的。每个环节差一点，结果就会差很多，环节越多差得也越多。如果我们每个人不是把事情只做9分，而是做足10分，如果整个企业、整个社会都这样，我相信我们就能拿10倍于现在的工资。如果我们每个人的工作都再改进一点，做足11分，我们不就能赶上欧美了吗？

刘永行先生说，我们要尽可能地把大资产公司变成小资产公司，以小为美。比如我们有一个氧化铝厂，竞争力是中国第一。为什么？因为我们做的时候就要小。同样的工厂，人家是15000亩，我提出只要1500亩，结果我们实现了。正是因为“小”，我们的能耗就低，劳动效率就高，人家用15000人，我们1500人就做到了。在劳动效率提高的同时工作标准化，员工的满意度得到了极大提高。我们要生存就必须提高效率，两个人做一个人的事就是浪费他的价值。如果按照中国一般企业的做法，我们这个企业至少需要10万人，多用了8万人能养得起吗？养不起，特别是在行业不景气的时候。

我认为管理就是提高效率

当替代行业出现时，企业按过去的游戏规则做得再好都没用。但是，互联网能不能淘汰中国的钢铁、重化工行业呢？没法淘汰。

我个人比较注重效率，竞争力的本质就是效率，包括互联网。但现在互联网还是被说过头了，说得像神一样。事实上，它只是一个好工具，可以帮助我们提高效率。

只有标准的东西才能复制，哪怕改变以前的精英模式。因为精英模式是不可复制的，要让精英的东西变成标准化的东西。标准化分两部分，一个是工作标准，另一个是考核标准，两个结合起来才有效。比如现在我们重工业里面机器设备都很长，一条生产线几公里，管理上除了日常操作，还有很多巡检。实际上以前的管理做得非常差，因为没有认真研究过，都是员工自由定义，很多岗位只有20%不到的效率，所以我们考虑利用信息化技术进行管理。

东方希望现在正在开发的水泥厂的一个巡检流程，有几万个巡检点，我们现在规定一个巡检工，一个小时要检查十个点，每个小时都要去看一次。基于这个流程我们正在开发考核的技术，比如说一个智能手机到了这个地方，这有一个信息卡，到了这儿一按，某某先生欢迎你今天开始上班，你今天一个小时内要巡检10个点，第一个点比如是一个电机，到了这个地方温度、振动、噪音都需要填到表格上，相关检查结束也要把数据录入进去，一按键就会自动告诉你，某某先生你今天完成了第一个小时的工作，花的时间是3分25秒，已经建了一个功，下一个点是哪个点，你将沿着哪条路去。到了第二个点，欢迎你到第二个建功点，这个点上你要处理的几件事情都会列出来，电子化地把它跟你的手机连接，每一件都要完成填上去，如果正常完成了，就祝贺你又建了两个功，就这样一直巡检下去，把工作标准和考核标准结合起来。

提高效率没有止境，永远都会有遗憾，所以要不断学习。企业要生存，当初就必须想明白该怎么做，而且要持之以恒。我们学谁？用我们自己的话，“集众家所长于我身”，向一切人学习，竭尽全力创造企业的相对优势，这是战略。在战术上，要事事追求点点滴滴的合理化，合理的还要更合理，改进的还要更改进，持之以恒。

最后，工作标准一定是领导建立，员工执行。好的标准是要“看得见、摸得着、算得清、做得到、及时性”，这是我们建立工作标准和考核标准的原则。工作标准化，把它分解到每一个细节。所以，我认为管理就是提高效率。

效率最重要的是客户终端的效率，不管是互联网还是传统企业都一样，没有什么区别。总之，我们的管理就围绕着效率来做，而效率中间最重要的就是人的效率，是人均效率。

我们从来不提什么时候进入世界500强，该进入的时候自然进入了。它是结果而不是你的措施，如果你把做大当成手段，可能得不偿失。

东方希望总部有饲料、电解铝、发电、氧化铝、水泥、煤化工等十个行业，都用这一层楼，不是用不起，就是为了提高效率。我们去西方考察大型企业，有些是投资100亿美元的大型企业，他们办公室就是一个平房，甚至有一些就是临时建的几个集装箱堆在那儿就开始办公，不像我们中国的企业追求豪华，西方企业追求效率、管用、环保。归根结底，效率是企业生存最根本的法则。

要在过剩的行业里生存，就必须用最精益化的管理和最高效的运转来获得生存下去所必须的利润。2002年包头希铝建厂时，中国电解铝行业的人均产能仅30吨，大家希望新厂的人均产能翻番到60吨，但我说不行，要到300吨。当时，所有人都觉得这个数字不可思议。如今，包头希铝的人均产能不仅达到了我当初的设想，甚至还超越了不少。我们现在的人均产能做到了480吨，年底要达到500吨。这样的生产效率，排在全球前5位，是中国平均水平的4倍、世界平均水平的2倍。但比起最好的标准来，我们还有30%、40%的差距。

所谓夕阳产业、朝阳产业并不绝对，关键是企业能不能在行业里建立起自己的相对竞争优势，目前中国重工业的主要力量是国企和外企，一般的民营企业因资本门槛进不去，如果东方希望介入重工业，可以发挥经营管理中既有的特点，很快建立起低成本、高效率的竞争优势。

工厂管理的魔盒

1992年我到美国的饲料厂去参观，他们的工厂管理非常规范，我请教这个厂长，他讲了一个美国式的经典笑话。他说，一家工厂管理得很差，这个厂长就去请教一个聪明人，这个聪明人讲，我给你一个魔盒，这个盒子非常灵，但你必须每天拿着这个盒子到工厂的每个角落放一下，一年之后你再把它还给我，到时魔法就会显灵。一年后，他的工厂管理好了，他依约把这个盒子还给了那个聪明人。这个聪明人问他的工厂怎么样，他说很好，并且希望可以继续留下那个盒子，这个聪明人说，哪里有什么魔法，这个盒子里其实只有一句话，就是你必须深入实际，去发现问题。他每到一个现场都会发现一些问题，第一天他看见一个工人在睡觉，把他处理了；第二天他看见一堆东西没有堆好，把它处理了；第三天、第四天，以后每天处理几个问题，一年下来，工厂就管理得井井有条了。

每天解决几个小问题，每个月解决几十个小问题，工厂慢慢地就上升了。如果每天发生几个小问题，堆积起来，问题越来越多，形成恶性循环，企业就垮掉了。我们那么多问题，总经理看到不管，生产部经理看到不管，原料部经理看到不管，工人看到自然就不管，大家都不管，这就是恶性循环。我们如果只是为了挣钱，不想办法调整，借口生产忙，借口人手少，不去想办法改进，只想拿高工资，这就是恶性发展。干部看到问题不马上采取行动，而是拖下去，公司就会垮掉。

变“炮弹式管理”为“导弹式管理”

以前我们采取“炮弹式管理”，即有了方向，确定了目标，一炮出去往往也能收到不错的效果。那是一种粗放式的管理，在市场还不健全时也是很见效的。但是，市场经济发展到了今天，“炮弹式管理”已经行不通了，需要进行“导弹式管理”。那么，究竟什么是“导弹式管理”呢？

“导弹式管理”在于对过程的控制，在管理过程中根据不断反馈的信息修正路线，这就要求我们不断分析各种过程因素，如市场变化、原料价格、政策动向、竞争对手的行为模式等等，就像发射导弹过程中要不断对位置、重力加速度、风向、地貌等因子进行分析、跟踪和修正，最后才能精确击中目标。这是市场的严酷使然，因为市场变化太快，竞争对手太强，目标也在不断变化，我们一定要有敏锐的思维，牢牢进行过程控制，以前那种一炮击中目标的可能性已经不大了，必须反复作调整、反馈和修正。

用意识思考，用潜意识做事

有一位总经理曾经做得很成功，把他调到另一家公司却没有做起来。后来换了一位总经理去，结果这家公司立即焕发出了新的生机。我说前任总经理不是不努力，更不是没有成功的经验，失败的原因就是因为他把曾经的成功经验完全移植到了新公司。环境以及市场早已发生了变化，用旧的模式如何去应对新的发展呢？

我想在这里讲一下“意识”与“潜意识”。

意识是指人对周围环境和自身的识别能力及清晰程度，是大脑功能活动的综合表现。潜意识是指不知不觉、没有意识的心理活动，是有机体对外界刺激的本能反应。简单地说，意识是大脑对问题进行分析判断，而潜意识是在没有判断的前提下自动完成的。

一个技术工人，他在学习初期会运用意识去工作，一旦成了熟练工，同样的问题他可以不假思索地处理，因为他的大脑已经建立起了一套处理问题的“系统”，进入了一种潜意识状态。在这种情况下，潜意识可以帮助我们提高效率。

作为管理人员，遇到新问题他会用意识去工作，处理问题多了之后就会在头脑中形成“经验”，以后遇到类似问题，进行浅层思考就能解决，这实际上已经进入了一种潜意识的工作状态。如果运用得好，它也是有益的，但它有可能极大地妨碍我们的成功。

管理人员与技术人员的最大区别，是管理人员面对的未知因素及可变因子太多。社会在飞速发展，环境在不断变化，拿着一张旧的“思维地图”寻求新问题的解决之道，无异于“刻舟求剑”。

意识与潜意识之间有一种简单的辩证关系——今天我们用意识思考的问题，如果熟悉了，它就变成了潜意识。一旦遇到新问题，就必须打破旧的潜意识，进行新一轮的意识性思维。潜意识往往是一种让人感到比较舒适的状态，而运用意识去工作往往需要我们突破“舒适区”，它们之间是一种循环往复、不断推进的过程。

如何正确运用好意识和潜意识呢？我认为，在工作中，进行常规性的操作和常识性判断时，可以多运用潜意识；在作决策和深层思考时，则要多用意识。

在最困难时我们全靠精细化管理

从现在开始往后十几年，我们的核心竞争力在哪里？就是成本。有两个手段可以达到，一是投资成本，这是固定资产节约的成本，也是资金成本，我们已经做得比较好了，如果以后土地再紧凑点，将有些闲置设备调整得更合理，厂房设计得更合理，我们还能再节省10%上下，但这方面已经没有多大潜力可挖了，除非改成租赁，一年还可以再节约一点，这方面我们不同于国有企业，国有企业潜力很大。第二个就是物料损耗和流动资金的效率。我们1995年提出了精细化管理，强行推行了几年，取得了初步成功。以上海希望来说，1995年底我算了个账，我们当年盈利2800万元，当年销了10.8万吨，平均一天300多吨饲料，当时我们用了400多人，光这400多人的工资和物料消耗加起来我们就浪费了大约500万元。当时我们采取粗放管理，把扩大生产作为最高目标，因为当时不是管理出效益，而是规模出效益，但我意识到这样下去肯定不行，所以提出了精细化管理。竞争最激烈时我们要把2800万元甩出去，只要这500万元。我们看看，现在上海希望用人减少了300多人，还可以减少一些。我们的设备投资要配套，以前我们机物料浪费非常大，五金器材80

多万元，合理的话我们只要10万元。我们以前一个月用水1万吨，现在只用2000吨上下，我们已经把以前损失的500万元拿了八九成，还有几十万元的潜力可以挖。在最困难的时候，我们全靠精细化管理。

优势都是相对的，如果你把握不好，优势就马上变成劣势。你得想办法把一切恶性循环的链条斩断，成功要各方面成功，如果失败一个环节就完了。

我们生存的法宝就是降低成本

精细化管理能够在经营最困难时帮助我们度过难关，但这个潜力是有限的，我估计除了人力资源之外，固定资产还能够挖出10%，机物电消耗还能挖出10%。这个潜力虽然是有限的，但可以在最困难时帮助我们度过难关。所以，我们现在提出了比精细化管理更高一个层次的规范化管理。

规范化管理不仅是机物电的消耗，流动资金要减少，资金的效率要提高，更重要的是要抓人力资源效率的提高。我们往后十几年要降低成本，最重要的工作就是提高人力资源效率。单位成本降低了，人力资源效率才能提高。我进行过比较，20世纪80年代末期和90年代初期，那时由于社会平均工资比较低，工资占利润的比例只有5%左右，以后逐步提高到了10%、30%，甚至70%。如果不减少人员数的话，不抓精细化管理的话，我们许多公司肯定要停产，因为大公司亏起来就是巨亏，公司是不可能长期坚持下去的。所以，我们生存的法宝就是降低成本。为什么这样说呢？因为这10年工资增长了10倍，那未来10年还能增长10倍么？我告诉大家，没有可能。10年之后城市居民的工资如果不增加5倍的话，老百姓不会答应，但增加5倍我们绝对承受不起，因为就现在的水平，只需要再增加100元~200元，我们就没有利润了，就坚持不下去了。

我们只有两条路可走，一条是关闭，一条是改革。将来只有那些经过改革的企业才能给员工发工资，给员工增加工资。所以，我们要做的就是争取在五年后还能给员工发工资，还能给员工增加工资。

要从本质上去看问题

过去工厂建厕所，办公楼里肯定要有一个，男的有五六个蹲位，女的有两三个蹲位。在员工和客户集中的地方还必须修建一个大厕所，可能有几十个蹲位，结果有95%的蹲位是闲置的。后来在设计标准化办公室时，我们的男卫生间就只有一个蹲位一个便槽，女卫生间只有一个蹲位。按照10万吨规模设计的饲料厂，全厂编制100人左右，除了销售员经常在外面，常驻公司的编制大概只有六七十人，你说你需要多少个蹲位呢？波音737飞机能坐200多人，飞机上有几个蹲位呢？头等舱两个，经济舱两个，就是四个蹲位。

我们再讲讲浴室。工人每天下班后都要洗澡，常年在公司就是60~70个人，其中一多半是生产工人，他们每天要洗澡。过去男浴室大概是100多平方米，甚至200平方米，有20多个水龙头。女浴室大概也有70多平方米，10多个水龙头。这种浴室的效率究竟有多高呢？夏天每天洗澡，一般进去5分钟就出来了，生产工人可能会多一点，10多分钟也就够了，这是第一。第二，打肥皂时不用水龙头，打完肥皂冲洗时一个龙头下面可以站两到三个人，实际上根本用不着那么多水龙头。到后来我们实行标准化设计，男浴室就控制在50平方米以内，水龙头就控制在8个左右，女浴室2个水龙头就够了。浴室水流量多大可以满足需要？很多人答不上来，这个我思考过，比如我家里的燃气热水器每分钟流出的水是12升，你说洗澡该用多少水？后来我们就规定，我们不能让员工自觉地把水龙头关小，但我们可以强制性地把水龙头的最大流量控制在12升，你大不了开到最大。后来，我们就对全集团浴室的水龙头订了这么一个标准。

工厂的食堂，洗碗槽往往都是一排水龙头，员工洗碗也是哗哗地冲。这个流量多大合适呢？飞机上的卫生间，其水龙头摁一下出一次水，一般洗手摁三到四下就可以了。摁三到四下出水量是多少？很多人不知道，我用水杯量了一下，摁一下大概是50~80毫升，我们按80毫升计算，摁四下就是240毫升。我们这个水龙头就算洗30秒钟，30秒钟能放多少水呢？多的能流到七八千克水，少的也能流五六千克水，这不是浪费是什么？满足需要，但绝不浪费，这是我的观点。

我们过去建厂都要修配电房，一个配电房面积要多大呢？小的10多平方米，大的30多平方米。要修配电房就很浪费了，因为还得有一个人守在那个地方，所以至少要两到三个员工轮班。后来我们推广厢式变压器，实际上就是一个箱子，变压器在里面，高压柜、低压柜都在里面，无人值守。所以，我们要求新工厂一定要上厢式变压器，效率就很高了。当然还有一些其他细节，比如从配电房到主车间的距离要求最近，锅炉房和主车间也要求距离最近，距离越近损失越小。

投资几十亿元的企业，国有企业都要修一栋办公楼，可能是一两万平方米，几十上百个科室。我们销售收入达七八十亿元的企业，集中化办公面积只有800多平方米。我们新建的工厂全部是集中化办公，哪怕是几千人的企业。

要用刚性制度来管理企业

我们取得了一点成绩，许多企业甚至以我们为榜样，但这并不能掩盖我们存在的问题。

中国民营企业不少是先成功了，但过不了多久又垮掉了。为什么？就是由于管理混乱。

我们要用刚性制度来管理企业。制度是刚性的，必须牺牲小的利益，以强调整体的合理性。没有了刚性的制度，就会产生混乱和腐败，这是毫不含糊的。我们要从部长、总经理的纪律教育抓起。

什么是纪律？制度的量化形成了标准，工作标准就是纪律。这是事关企业生死存亡的大事。若不如此，我们的优势就会逐渐丧失，企业也会很快走向衰亡。

我们真正的竞争对手和追赶的目标是跨国财团，他们经历了资本主义的全过程，拥有管理、技术、资金上的优势。我们应该清醒地看到，更为激烈的竞争还在后头。

我们要深化管理，抓量化管理，抓标准化管理。企业管理只有到了量化的程度才算接触到了管理的深层，只有到了标准化的程度才算是管理到位。

要学会算出数字背后的意义

经营上要有一个习惯，就是每个数据意味着什么，每个人摊多少钱，每吨饲料摊多少钱，你把这个数据分解到单位上，一说你就明白了这件事情你做得做不得。

我们的财务经理天天算账，但有时却不会算账。你把财务上的账算得很好，但用于生产经营则不一定要那样算。我们的财务经理要学会算账，就是要学会算出数字背后的意义。每个数字都是活的，都隐含着它的意义，你不懂它的意义有时会吃大亏。我们要把数字看活，让它活起来，它能像人一样与你对话。你明白了它的真实意义后，你就能做出正确的决定。

成本控制里面有一个重要概念就是边际贡献，你的企业有没有利润，首先是够不够原料成本，然后再看原料成本或者变动成本，再看看你有没有边际贡献，边际贡献多少乘以销售量，达到盈亏点才能产生利润。我有时打电话给总经理，我就会问技术指标、经济数据，我们有些总经理都答不出来，甚至还跟我争论、讨论，争论、讨论是好事，在有些问题上、指标上看法不一致并不一定是我正确，我是想要大家明白，总经理不知道的我可以跟你沟通，我不理解的你可以告诉我，这没有关系，但有一些总经理打电话告诉我，现在市场疲软，销售太困难了，竞争对手大降价，我们难以招架，然后我再追问几个数据，第一个还能回答，第二个、第三个就回答不出来了，这就说明你还没有进入总经理这个角色。总经理这个角色你不说了如指掌，比如说我问你盈亏平衡点是多少，你说600吨，650吨也算对，550吨也算对，但你总不能给我说1200吨吧？就有人乱说，我看了他的财务报表，我先算了的，所以你乱说我马上会给你指出来。我给你打电话时都看着你的财务报表，你的技术指标，你的工资报表，你的最高工资，你的最低工资，你的销售员工资，你的人数。所以希望大家用数据说话，不要说假话，少用大概，这个大概必须是90%以上的准确度。你必须明白数据的意义，你报一个指标出来，我马上要问你另一个问题——吨均，你心里要有数，你必须要这样转换，总经理应该有这样的素质。如果工资一年是60000元，你今年销售6万吨，就是每吨饲料你提了6块，你要明白这一点，你销售6000吨饲料，你每吨饲料提了60块，这就是数字背后的意义。这个销售员拿7000元钱一个月，他这个月销了70吨，就意味着每吨饲料他得了100元；你这个月的招待费用是5000元，而你的销售是500吨，就意味着你每吨饲料拿了10元钱出来办招待。

那水究竟到什么地方去了呢

1995年我去上海希望作调查，最多一个月耗水为17000吨。当时说要加强管理，后来都说加强不起来，我们狠抓了几个月，现在降下来了，现在一个月耗水为1700吨，浪费的水居然是10倍，触目惊心。那水究竟到什么地方去了呢？渗漏了！确实没有人贪污，是浪费掉了。我们以前没有追根究底地查找原因，结果水哗哗地从一个人们不知道的地方流走了。

因为以前销量好，管理粗放，后来没有利润了，就逼着我们去挖潜，企业内部管理费用下降到了最低。所以市场疲软对企业看起来是坏事，其实也是好事，它逼着我们去改进工作，它可以帮助我们抓精益化管理，而不是从客户手中去多拿钱。如果不采取果断措施，可能就扭转不过来，如果全部要想扭转过来的话，就得想办法把一切恶性循环的链条全部斩断。

我们赚的钱是自己省下来的钱，这是最可靠的，而不是从客户手里去拿。1996年下半年和1997年上半年，我们的总经理就从农民手里去捣钱，结果被中间商拿走了。尽管我们没有拿到，但这透支了我们的商誉，市场就报复了我们，再出一次这样的情况，上海希望就宣告死亡了。

一定要把问题搞清楚

厦门希望花100多万元从台湾引进了一台水产设备，但遇到了问题，我们的锅炉是两吨的，40型机组就不能同时生产，只有安排两班，这样就要用高峰电，成本就会增加。有人就说只能增加锅炉，或者轮流生产。是不是这样我们要搞清楚，于是我们就做试验，就是想看看在不用制粒机时一个小时要耗用多少水，得出的结论依然是两吨的锅炉刚好能维持水产机组的运行。我花半天时间翻了一些资料，资料上没有这样的结论。刚好有个食品博览会，我想这是一个机会，我们不懂有人懂，所以就到现场请教了专家，我问两吨的膨化水产设备需要配多大锅炉，专家非常明确地告诉我，只要配一吨的锅炉，我问根据是什么，人家说膨化饲料产品在膨化之前水分是26%左右，之后是13%。简单地说，就是两吨的锅炉完全可以满足同时生产的需要。

为什么我们的蒸汽耗用量比较大，是计量上的误差吗？我们要注意啊，个别工人有时会耍小滑头，他并不是故意要做坏事，但他们会将一些有利于自己的数据告诉你，如果我们没有深入实际，就会被表象所迷惑。一旦思想被禁锢你就没有办法了，就像我们膨化设备一样，当你认定两吨锅炉只能生产1.8吨膨化料时，你就不会想办法去改进了。所以，首先要打破思想禁锢，打破思想禁锢就是要用科学方法把问题搞清楚。不懂怎么办？我们可以从实践中来，有时实践的东西也不是那么科学，我们就要请教专家，查找依据。当这个瓶颈解决后，当我们认定两吨的锅炉可以生产4吨膨化料时，我们就想办法来改进。现在我们做计划也是这样，当我们认定市场不可能突破时，就让销售下滑，认为是很自然的事情，这时你就会让销量大幅下降。

合署办公在国外很普遍

合署办公在国外很普遍，外资企业也是这样。客人来了，就在很小的洽谈室里谈业务，有什么事很快就了解了。合署办公还可以省人。我讲了很多次，总经理办公室和办公室必须合二为一，我要总部下文撤销办公室这个编制，就叫总经理办公室，就是再大的工厂也是一个总经理办公室，要让总经理和办公室主任在一起，办公室主任就是总经理的助手，总经理打一个电话办公室主任知道了，下来交流就很简单。

我们是生产型企业，现场管理容不得你坐办公室，你必须了解实际情况。我们的工厂刚刚成立起来，就总经理办公室一个内勤，办公室一个内勤，要那么多内勤干什么？这些工厂就是总经理办公室和办公室在一起，内勤根本不需要，办公室主任就是内勤。小工厂的话，销售部内勤可以当几个部门的内勤，因为小工厂销量不大，销售部内勤可以在办公室，总经理还可以安排一些其他事情。如果协调得好，销售部内勤可以兼原料部内勤，如果有能力的话，连原料部经理都可以不要了，因为销量很小时，销售部经理或总经理办公室主任就可以兼起来。原料与销售可不可以兼起来呢？公司比较小时我想是可以兼起来的，这样就少了很多人。

很多单位如果将人砍掉一半，效率会更高

我们看电视，你看皇宫主要就是皇帝和皇后两个人，但却要几千人来服务。这其中真正为皇帝和皇后服务的有多少人？恐怕不到100个人吧。问题是他们又要找200个人来服务这100个人，这200个人又需要300个人来服务。其实，很多单位如果将人砍掉一半，效率会更高，因为人一多，一些低素质的人就把效率拉下来了。我喜欢思考，有时间就想，对效率的研究是我的第一优势，对此我非常有信心。

效率是构成成本的重要因素，本来成本里面就包含了效率，但因为它太重要了，我把它们并列在一起，就是为了强调成本和效率的重要性。在效率中，最重要的就是人力资源效率。中国的饲料价格高于国际平均水平我们还有利润，甚至还有200元的费用，以后农民会愿意给你吗？不愿意！我们只有把大多数工厂发展成大工厂，才能将费用降到80元/吨的水平。

效率是企业成本竞争的根本。韩国人在中国的企业没有管好，但在韩国的企业都很好，为什么？因为中国人做事不到位！对此我思考了很长时间。上海希望的吨均费用比别人高三倍，我们与先进国家和未来的压力相比，我感受到了危机。

0.8×0.8×0.8=0.512，如果每道工序的效率是80%，那么，几道工序下来，效率将只有1/2。要施加压力，用心想办法，设定目标，给工人讲明，如果工作到位可以拿到什么工资，要形成上升梯度。达到韩国的水平，工人就可以拿到高工资，不加班，效率还高。

在设备上要挖潜，如果每个人出力1.1，6个工序将会达到1.638，与0.8×6相差10倍，这也是中国与发达国家的差距。我们抓好了这一点，将会产生巨大的效应。我们要把中国人做事不到位变为做事到位。做到

这一点我们并不需要付出太多，只要工作到位就行了。

我们可以用五六个人半班生产

有些工厂，比如说一个班现在是满负荷，但生产马上要上，还有一个班是不是要裁，不一定要裁，那怎么办？我这个班工作五天，下一个班工作五天，大家轮流工作，我的原则就是上班就要紧张，上班就要满负荷，做完了就休息，不要磨洋工。如果一个班不行，我十四五个人的，裁四个人下来，组织一个半班生产。怎么半班生产呢？你十个人一个班，上满班，上八个小时，生产量不够，我们把多余的四个五个人裁下来集中生产。怎么半班生产呢，半截半截做，前半截做粉料，把粉料打满了，全部停下来做后半截，这样你就用不着增加一个班了。这样，我们就形成了工作标准，在新工厂或者生产量很小的工厂，我们就从40个人开始。40个人可以做多少？可以做800吨~1000吨。实际上，这40个人还可以少，比如亏损公司、新公司，我们把这部分核定给你，让你施加压力，或者给你三个月时间，你裁下来了，我们把这个核定的指标降10%，你继续实施，以后可以固定下来。如果你盈利了，给你加10%，这样让你去组织人员、调整人员。一个班组十个人，我们可以用五六个人半班生产，还可以把机修工、电工一起纳入。为什么这样做呢？大家想想看，机械正常时机修工、电工没有多少事，机器不正常时他们才会忙起来，但机组上的人又闲下来了，如果制粒工、投料工或者是打包工，他具备机修工、电工的能力，我们让机修工去开制粒机，让电工去打包或投药，我想他的工作不矛盾，生产正常时他是生产工人，生产出了毛病他就是机修工。也就是说，大家休息时他不休息，他的工作是完全饱满的。如果两天生产一次，大家休息时他可以抽时间搞机修，这时他除了拿计件工资，还可以拿机修补贴或者电工补贴，他的工资比其他人高几百块，他也满意，其他人也没有话说，这就会逼着员工一专多能。小工厂可以这样做，工厂大了则不一定，因为大工厂设备多，机修要独立出来，但小工厂，特别是刚刚成立的小工厂，生产量很小的工厂完全可以这样做。机修工作如果上班时修不完，可以在大家休息时继续修，所以新工厂完全可以做到40人以下，甚至20~30人。在这种情况下，如果我们安排好了，第一步调整到40个人，第二步再把这个定额包干下来，比如说你减少了五个人十个人，一个月下来就减少了比如8000块，这些钱就分给工人，甚至可以分一部分给部门经理，让部门经理参加分配，甚至总经理也可以参与分配。这样，每个人就可以提高两三百块钱的工资，我们部门负责人也可以提高，生产工人也可以提高，就把积极性调动起来了。让我们的员工、部门经理、总经理，都有积极性去提高生产效率。这样，我们的总成本不增加，就可以解决生产初期产量低，公司在工资上付出太多这个问题，而且更重要的是三五年以后，我们要为下一轮改革奠定基础，我们现在就要开始做这样的工作。既然方向定下来了，我们必须向这个方向靠近。

一个人的事两个人做，做做耍耍，耍耍做做，把时间耽误了，生产线上条件又不好，夏天又那么热，你不如缩短工作时间，让他回去休息，要干就要像干工作的样子。国外的企业绝不允许在工作岗位上休息，工作岗位一定是饱满的，就是福特汽车生产线，创造了现代流水生产线，这个体系就是科学化分解，把每个动作都分解好，一个接一个，把复杂劳动分解为简单劳动，这样便极大地提高了生产效率。我们不允许生产岗位两个人做一个人的事，如果有多余的人，我们情愿缩短工作时间，或者轮休。

我们要在总经理头脑里强制性灌输成本观念

固定资产投资有些是总部的问题，所以，我要求分公司、各部门都要写筹建须知，每个部门该做哪些事，不该做哪些事，我们都要写下来形成标准，每个筹建公司给他一本，你按标准去做备案就行了。

以前总部准备买冰箱，炊事员提出要买大冰箱，大冰箱要几千上万元钱，而且耗电多，我问我们有多少人吃饭，每天要吃多少肉，需要储存几天，这样算下来买一个冰柜就行了。这样下来一直用到现在都够，总部的人增加了一半，从来没有出现不够的情况。我们就是要算账，一时算不太清楚，只要不影响工作，不妨采用小一点的规格的。你冰柜不够，马上再买一个也行，两个更好调节，也不算贵，你买一个大的就浪费了。

我们有些公司库房一修就是5000多平方米，多修了2000平方米，多花了100万元，为什么不把这100万元省下来呢？如果没有必要就不投，因为这一切都要进入成本，都要增加我们的负担，比如多修2000平方米，多花100万元，就意味着折旧费要8万元，资金利息要8万元，16万元每个月是12000元，除以200，每吨就要增加了60元~70元钱，而这个费用是挖不下来的，你再努力都挖不下来，因为你投进去了。

我们抓成本管理首先就要从总部抓起，从董事长抓起，不让过多的资金闲置，当然有时要考虑发展，考虑发展会提前投资。当然，在资金紧张时我们要更谨慎一点，在资金宽裕时稍微放宽一点也可以，但如果当时完全没有必要，后面又补得起来，我们就不要去投。

我们要在总经理头脑里强制性灌输成本观念，你每一个行为、每一分钱开支都意味着你每吨饲料分摊多少，你会增加多少成本，或者节省多少成本，你都要算这个账，那么你才会用心。如果你没有进入这种状态，你没有用心，你必须要学会，这个账都算得到的，如果不算这个账，你糊里糊涂地经营，最后亏了一大堆，还不知道是怎么回事。

为什么我们要将“年终奖”改成“年中奖”

我们决定将年终奖推迟到次年七月发放，把“年终奖”改成“年中奖”。为什么呢？因为年终是旺季，大家收入比较高，二是元月份要发放探亲费，我们没有必要把一些费用凑在一起。奖什么？当然是奖成绩，没有成绩不能奖，亏损不能奖，倒退也不能奖。奖要促进业绩的成长，不能把它当成一份工资。

这样改有两个好处，一是对前一年的成绩作出审计，成绩必须是真实的，不能为了奖金而虚增利润，或者是隐瞒利润，要对经营的真实性、可靠性作出评价，因为这是董事长、总部能否把握经营大势非常重要的一个环节。我们允许工作失误，但决不允许报虚假数字，或者为了达到某种目的而隐瞒数据。在数据问题上是不容许任何弄虚作假的。工作中，成绩就是成绩，出了成绩就要通通把它体现出来，失误就是失误，我们也要把它暴露出来，加以纠正就行了。所以，我们要鼓励干部员工，在集团内部要说真话，说真话就要用数据来体现。我们这样做，就是需要有时间来审计，以保证数据的真实性。当然，从总体上看，我们的数据是可靠的。第二个问题，每年六月是销售的低谷，大家的收入比较低，所以，我们决定在正确评价分公司的业绩后，把“年终奖”变成“年中奖”。

我们可以做到100天就投产

我们现在办了100多个工厂，已经有了一套模式，我们形成的是标准化作业，就像连锁店一样，工厂在谈判过程中，我们的工程部就做设计了，投资部谈判一完成，我们的工程队和筹备组就能立即进入，我们就从其他兄弟工厂生产，进行产前销售，就开始市场宣传，然后我们工厂是同步推行的，一般以前建一个20万吨以内的工厂要两年时间，从1994年开始，我们建一个工厂需要多长时间呢？我们的工厂从开始施工，100天就投产。我们变串行工作为并行工作，同步推进，虽然难度很大，但我们是高度专业化生产，高度专业化复制，不断改进，我们可以做到100

天就投产，那么一年两年的资金利息和折旧费用我就赚过来了，就建立了我们的优势。

我们有一部分要走在中国社会的前面

1997年底，我提出适当放慢发展速度，加强规范化、标准化建设，加强内部整合，发展速度开始放慢下来。那么，这时我们做什么？就是加强精细化管理、规范化管理、标准化管理，加强成本管理。成本管理我早就想提，但提不出来，如果真正实施的话，就会干扰精细化管理、标准化管理。那么，成本管理是最后一层，因为成本管理又会涉及人力资源管理。现在市场疲软帮了我们一个忙，我们顺势把成本管理、人力资源管理这个思路推出来，而且是强制性推出来。为什么呢？前面我已经讲了，这几年人力资源成本已经成了成本的主要因素，特别是新工厂、小公司。以后工资还会呈刚性增长，按照我们现在的劳动效率，那时我们非倒闭不可。

也许大家没有深层次思考过这个问题，但这几年我一直在思考这个问题。我认为中国的路必须这样走下去，不这样走下去怎么叫现代化呢？既然要这样走下去，我们就必须站在全球角度来看问题。国际市场比较稳定，当然也有波动，但总体上比国内低得多，而我们的工资又呈刚性增长，那么，这个问题就暴露出来了。就是说，到了适当时候，我们生产100多吨的工厂虽不说只用七个人，也许我们只敢用30个人，而现在我们要用70~80个人，至少要减少一半我们才能参与国际竞争。

美国的饲料工资性支出是多少，可能大家不知道，他们每吨饲料的工资性支出大约是6美元~8美元，中国的工资性支出大幅度高于美国，所以说人家该拿高工资。因此，五年十年以后，也许企业竞争的不是营销，不是技术，技术都趋同了，美国、加拿大的配方国家都在发布，都差不多，那时就全靠管理，全靠经营，全靠成本了，所以我们现在提出成本管理是时候了。我们现在还过得去，但五年十年以后呢？有人讲董事长你到时候再抓嘛，到时候再抓就迟了！我们现在要做的事情是在为五年十年以后考虑，是希望五年十年以后能够给我们的员工增加工资，而不是被淘汰。

怎样给员工涨工资

我告诉大家两个数据，1992年以前，那时我们一个月销量在一万吨以上，我们的工资性开支只占销售收入的1%不到，只占利润的大概0.5%，因为那时我们的利润在20%以上。那时我们自己去销售，是不计工资的，员工工资大概是100元、200元、300元，甚至是几十元，当时国有企业的工资就是几十元。以前新津总厂由我直接管理，我是非常注重效率的，绝不多用一个人。那时我们实行了不规范的措施，没有会计，没有出纳，只有开票员，就凭我和陈育新的签字去报销。原料客户也是一样的。我们没有厂长，我就是厂长。我们没有销售部，没有销售员。当时财务部只有一个人，但他不是会计，他做什么呢，就是与客户订合同，他一个人来管理客户优惠，他来算账，所以他既是会计又是出纳。他不管现金，他还担任了销售内勤，担务了销售部经理，还有部分会计工作。销售部没有销售员，厂长办公室和原料部在一起，那时我没有办公室，只有一张桌子，就成天在厂里走，脚都磨烂了。原料上也只有一个经理，他就管一个人，后来增加了两个跑火车站的。我们的出纳员也在原料部工作，她可以说是出纳员，也可以说不是。以前所有支票结账都是我办的，1991年以后就交给她来办了。此外，我们还有个生产部经理，有个开票员。我们的管理人员就这么多。其余就是生产车间的装卸工，整个工厂大约就是100多人。当时都是小机组，所以，工资构成跟销售额相比是非常小的，还占不到1%。但现在出现了什么样情况呢？每卖一吨饲料，我们的销售员先用刀砍下200元、300元，我们的管理人员又砍下200元，要先让客户出这么多钱，接下来才谈利润，所以根本就谈不上利润嘛！

在我国，两个人想见面，甚至下级和上级之间谈话，上级对下级提出的问题都是带警觉的，要首先假定他说的是假话。我认为，我国现阶段与世界先进国家最大的差距不是资金，不是技术，而是国民素质。如果国民素质提高了，提高到了国际先进水平，那么，所有员工的工资可以立即翻番。在这种体制之下，我们就可以把一些不需要的部门砍掉，很多部门的工作就可以兼起来。但为什么现在不能这么做？一是大多数人还没有这个意识，二是大多数人还没有这些技能，三是我们的国民素质还不够，不敢这样放开。但是，如果我们能够创造一种氛围，让员工人人都充满自信，不断提高自己的能力，互相帮助提高，那么，我们就可以在国民素质整体比较低的情况下保持相对高的素质，我们的效率一定会极大地提高，员工的待遇也会显著提高，我们就一定能够立于不败之地。

员工的待遇只有通过提高劳动生产率来增加，因为我们整个国民素质、劳动生产率都还比较低，如果靠以单位产品每吨的工资含量来提高员工收入，而不是靠提高劳动生产率的话，将来我们的工资含量会越来越高。到了一定程度，这将是不可逆转的。到那时，我们企业必将衰亡。在竞争最激烈时，光这一点我们就会丧失竞争力。但是，我们又必须一步一步提高员工的收入，让员工收入高于社会平均水平，这中间就出现了一对矛盾，竞争力、生存力和员工福利待遇是朝两个方向走的。如何消化这些因素呢？只有提高劳动生产率，降低各种费用，而要实现这一切，只有靠提高员工素质，这才是根本。

我们如果不提高人力资源效率，假设社会平均工资增长五倍，当我们增加两三倍时，利润空间就会进一步压缩，我们就会支持不下去。有人说，我们提高销售价格行不行呢？不行。如果中国的饲料价格太高，国外的产品就冲进来了。20世纪80年代初，中国没有竞争，外资企业如入无人之境。20世纪80年代末，对手就只有希望集团，他们只在成都打了一个败仗，这个败仗也不败，他们是增长性失败。从20世纪90年代初直到1995年，他们仍然非常成功。我们1993年、1994年在上海竞争，虽然取得了一些成绩，但没有打败他们，他们取得了更大的成绩。1995年以后情况就不同了，我们在全国兴建了与他们旗鼓相当的工厂，全面竞争就展开了。在中国进入买方市场之后，技术趋同了，全是价廉物美的东西，大家都有生产规模了，生产出来卖不脱了，这时高利润、高成本便行不通了。所以，往后我们的核心竞争力就在于成本，而成本的来源就是效率，效率最根本的东西就是人力资源效率。人力资源成本抓不好就会呈刚性增长，让我们没有有办法度过难关。因为企业要生存下去，因为员工的工资要增加，我不想让员工失业，所以这个必须不断提高劳动效率，但这需要大家配合。谁不配合，谁阻碍改进，不愿意付出努力，我们就淘汰谁。如果不这样，发展下去就会失控，失控的企业会墙倒众人推，垮起来快得很。英特尔的董事长说："只有充满危机感的企业家才能生存下去，优秀企业家应该是充满危机感的偏执狂。"他的观点我认为是正确的，因为我就是这样的偏执狂，我成天想到危机。成天唱赞歌却看不到危机的企业迟早要倒闭，我们不抓好的话也会慢性死亡。

监察审计工作是非常非常重要的

监察审计工作是非常非常重要的，它主要针对我们的干部，尤其是总经理。总经理离任要有离任审计，公司要有经济效益审计。审计监察工作是对总经理的全面评价，我们的监察是行政监察，干部是不是遵守制度，包括群众评价，我们考核也是评价，包括要员工填一些表格，随时随地进行考核。比如，总部的干部到分公司，我们会下发一些调查表，有些是部门经理来填，有些是员工来填，这些数据拿回来后我们要进行数据分析，其中有规律可循。当然，这是作为参考资料，并不是一次定型，长期积累就可以看出问题。我们的考核调查表，我们的电话调查表，员工探亲回来之后的临时抽查、了解，我们的监察审计、离任审计、经济效益审计，平时的各种报表都可以对我们的干部进行评价，综合起来，时间稍微一长，就可以得到准确评价，这可以帮助我们的干部不断改进工作，保证企业长盛不衰。

如果没有监察审计这样的反馈环节，无论有多少员工，要不了几年，企业就垮掉了。许多大型民营企业在一夜之间就垮掉了，就是因为他的制度执行不下去，没有办法进行有效监督。失去监督的权力就会产生腐败，时间长了必然产生腐败，所以，我们这个监察审计工作是非常重要的，我们只能加强，不能削弱。

我坚信，所有事故都是可以预防的

地球上的所有生物，包括我们人类，最宝贵的是生命。如果损伤了生命或者身体，对于个体来说，是难以挽回的损失。所有成绩都是人做出来的，所以，我们安排工作一定要把安全性放在第一位。可能有人说，过分强调安全会牺牲效率。是的，安全和效率之间有时的确有矛盾，但没有安全性，人的生命受到了损伤，效率还有什么价值呢?

我在澳大利亚参观一家铝厂时，发现他们将安全性强调到了什么程度呢？上楼梯时，接待我们的高管一直强调要扶好楼梯。我们到工厂的第一件事就是在接待室戴上头盔、眼镜和手套。到工厂里面访问，必须到指定位置才让你下车，不能随便走。韩国希杰集团的饲料厂、味精厂，连行走路线都划得很清楚，人只能在这个规定的范围内走动。

要特别注意重复性动作的安全，很多生产过程是重复的，只做一天也许发生问题的概率很低，但是365天呢？如果一天发生安全的概率是1‰，365天就是36.5%，就成了一个大概率事件。假设含百万分之一有害成分的某种食品可以食用，它是一个小概率事件，但如果我们乘以

365天，就变成365个PPM，人工作30年，就变成1%的概率了。假若告诉你30年中100个人就要因此死1个人，1000人的工厂就会因此死10个人，这个数字就很大了。所以说，重复的数字非常厉害，我们不要把生活中的一些常识用到生产上。从这儿跳过去，这一次没问题，你天天跳，跳一万次就极可能出问题。时间的重复，人数的重复，就会发生颠覆性变化。所以，安全性怎么强调都不过分，我一直把安全性放在非常重要的位置上。安全性仅仅讲还不行，还必须有措施，并且要把措施落实到行动上。

安全是用概率来衡量的，要把概率降到非常低，把它变得不会发生就行了。人活着就可能存在不安全的因素，谁能保证地下不会发生火山爆发？谁能保证天上不掉下陨石？所以，解决安全问题的关键，一是把它提得足够高，二是要采取措施。安全性的关键是正确措施及时落实到位，只要做好这些，就能避免因为安全性不够而拖延做事。采取措施并不一定要花很多钱，关键是要达到预防不安全因素的目的。我坚信，所有事故都是可以预防的。

重化工企业有很多重大装备，但只靠设备的完好还不能完全保证人的安全，人的安全行为才是安全的保障。人是诸多危险源中最大的危险源，因为危险和事故是人产生、制造出来的。安全规范的执行、安全标准的建立非常重要。只有把安全意识融入到每个员工的潜意识里，我们在现场增加的各种科学检测仪器才能发挥作用。在工厂，讲安全要有保守性，打仗的英雄是为了和平与幸福，英雄主义只能用在创新、战胜困难上，而不是用在危险性的尝试方面，我们不能用一般的安全意识做重化工。安全意识是对生命的高度负责，要竭尽全力寻找科学、安全的操作规程，消除员工的大众化、小农意识、自然经济意识，因为我们的员工绝大多数没有经过现代化工业文明的洗礼。

安全文化需要通过反复培训、演练才能融入员工的潜意识。我们进入重工业时间不长，我们没有时间等待，我们必须在企业建立之初就建立标准，在未出现重大安全事故之前就引进先进企业的安全管理经验。我们要把西方安全文化与东方希望的企业文化“嫁接”起来。对于引进的先进技术、先进经验，要“先僵化、后固化、再进化”。大家要深刻理解其中的辩证关系，层层传递，反复培训，要让员工全部动起来。

做养殖场的工作必须有服务

我们初期靠技术领先，靠市场运作，靠历史机遇，我们成功了。现在竞争越来越激烈，特别是养殖场竞争加剧了，养殖场在某种程度上要求甩掉中间商。从长远看，经销商将被逐步淘汰。做养殖场的工作必须有服务，没有服务你绝对销不开，不管你的饲料再好再便宜。我们必须开始往这方面转。你是市场上的最低价，质量又好，服务又到家，人家为什么不买呢？

那怎么服务呢？首先你要了解你的产品，你要讲出行话来，你给人家讲的好处是实实在在的，同时你要讲出特点，包括弱点，有时你把弱点暴露出来并不影响市场销售，你站在对方的立场上考虑，把弱点恰如其分地暴露出来，人家会认为这个销售员实事求是，那么他就信任你了，他就成了你的忠实客户，再加上你懂行，你学会了兽医知识，随时上门帮助他搞科学养殖，说服力就更强。还有，你能把市场信息提供给他，帮他赚钱，有时出点小问题他都会原谅你。

我们自己创造一点，从竞争对手那里学一点，从员工那里学一点，从农民那里学一点，不断学习，不断改进，我们的成本就降低了，我们的服务搞好了，我们的竞争力就增强了，最终我们的销量就会上去。

我们提前做了这样的工作，在竞争最激烈时被淘汰的就不是我们。这样做了之后，给我们的员工施加了一定的压力，就像王永庆说的，压出点苦味来最能锻炼人，他适应了我们再加点压，再压出点苦味出来，在这样的压力管理之下，人的能力就能快速提高，就会出人才。最大的激励不是工资，工资到了一定程度就不是激励的主要因素了，那时最大的激励是给有潜力的人才提供发展机会。如果我们搞得好，我们能够帮助员工成才，既给了员工机会，又为企业培养了人才，你的管理也轻松了，这是一箭三雕的事情。同时，你调走了一个干部，让他去新的岗位，你这个公司又腾出了位置，又给其他有潜力的员工提供了机会，其他员工看到不断输送人才出去，他们也会想办法提高自己，这样的公司就有非常强的凝聚力、向心力。

成熟之后就要彻底打破

一般人感到“很舒服”的就是惯性运动，就是只凭过去的经验做事。我们必须改变惯性思维，否则就会习惯成自然。自改革开放以来，中国社会得到了长足发展，就是因为打破了惯性思维，有了观念的创新。

世界和市场永远处于变化之中，企业管理不能靠惯性运行，在规范化、标准化的基础上，我们必须不断改进，否则将无法生存。现在的管理标准、工作标准既要逐步完善，又要准备打破它，这就叫变革。优秀的公司负责人应该提前思考打破惯性的问题。一方面完善，一方面创新，完善之后就意味着又必须要变了，又要打破了。成熟之后就要彻底打破，不然就不再成长了。

任何物体运动都有惯性，人的思维也是这样。这既是好事，也是坏事。没有规范、标准、经验不行，因为以前的成功靠它。形成规范、标准、经验以后又要打破原来的惯性。尽管以前是对的，但情况变了，所以必须变革。没有危机意识，改变惯性很困难，习惯了的东西就不容易改变，就是小变革也有阻力，人们习惯了就有阻力。比如，以前由于管理不到位，车间粉尘较大，工人也习惯了，无所谓了，尽管对自己的身体没有好处，也不愿意去花精力改进。这时候，我们只有给他们一定的压力，促使他们解决。管理干部首先要改变惯性思维，员工考虑不到的，管理干部应该考虑到，应该启发、号召员工一起来改变。

我们一定要尊重员工的首创精神，对员工的建议和改进措施，要重视，要鼓励，不要认为问题小，越是小改革越容易成功。优秀的、成功的企业都有一致之处。领导去引导、要求、鼓励变革，员工就乐于参与，不仅起劲，而且容易出效果。

凡是阻碍变革的制度和方法都应该修改，否则，企业就要老化。但是，要改变惯性，要创新，也有风险。我们必须运用科学的方法，大胆立论，小心求证，通过做试点来减少、规避可能遇到的风险，找到正确的路以后再全面展开。

永无止境地改进

当总经理不是只要有匹夫之勇就行了，你要有效地组织大家。第一点就是你的带头作用，你服不服众，就是你要求人家做的你能否做到。第二点就是你的判断力、决策力，判断力影响到决策力。第三点跟第一点相关，就是你是否勤奋。这三点你做到了，你的权威就树立起来了。

权威并不是靠上级给你树的，而是靠你做出来的。就是你服人，你说的话人家要听，你就有权威。企业的进步没有止境，只要企业不垮台就要改进；只要你要生存，企业就要改进。你不改进，不适应变化，就会被淘汰。羊不适应就会被狼吃掉，不适应就会被冻死，不适应疾病来了它就得死掉，那么剩下来的就进化了。企业也是这样，你不改进，你不进步你就要被淘汰。我们要保持我们的优势，保持我们不被淘汰，我们就要主动地改进工作。对我们的干部而言，你不改进工作你就要被淘汰，你要故步自封就意味着企业以后要淘汰你，没得含糊的。所以，我们要用动态的观点来看待企业，人和企业的改进工作没有止境。

刘永行说管理

◇我们整天研究“小事情”。

◇每个企业最终和最大的目标就是经营利润，离开这一前提，企业的社会责任和其他价值都无从谈起，因此，总部不仅要讲管理、讲服务，还必须讲成本、讲效率，在各项工作中体现经营意识。

◇在许多民营企业大搞资本扩张时，我们反过来狠抓内部管理，如果抓好了，我们就棋高一着。到他们的规模大起来、尚处于粗放管理阶段时，我们已是精兵强将了，那时我们的战斗力提高了，质量提高了，成本已降到最低点了，我们的效益提高了，就有足够的实力和足够的资金储备，我们就能胜利。

◇中国饲料业要练好三项基本功：一是企业家不浮躁、不急功近利，要踏踏实实做实业；二是把人的素质提高放到新的高度来认识，我们同国外先进企业最大差距就是国民素质不高；三是要始终与农民风雨同舟，与他们共渡难关。

◇一切财富都源自人的效率。

◇对于工作，对于产品，就是要有“吹毛求疵”的精神。

◇不断地找毛病，不断地否定现状，产品才能改进，质量才能提高，社会才能进步。小事情积累起来就是大事情，企业的发展绝对离不开抓好每件小事。

◇只有扎扎实实地做，一件一件地做，一分一厘地算，一点一滴地算，如果没有这种精细化的意识，一切管理都是空话。

◇我们在管理上还有很多不足的地方，我们要勇于面对，敢于正视，逐步引进专家思想和先进企业的管理经验，及时修正自己的管理模式。

◇对投资要高度负责，要能准确回答以下问题：投入多少？折旧多少？资金利息多少？什么程度真正能合算？投入的产品能否按市场最低价度过市场难关？

◇无形资产要有与之匹配的有形资产这个载体，不然商誉再大都是假的。

◇我们的利润用来做什么？用来扩充企业实力，强化企业竞争力，增强企业的市场应变力。

◇我们的管理人员对自己所管理的工作必须时刻清楚五个问题：现状怎么样？应当怎么样？差距有多少？为什么出现差距？如何改进？

◇只要充满激情地去工作，用心地去工作，你就会体味出经营中的道道，你就能感受到工作中的压力，有了压力就会推动工作，你就会出成绩。

◇我们之所以在民营企业中独树一帜，就是因为有自己的特点，我们不随大流。

◇我们所处的社会是竞争性的社会，没有危机感的公司统统都要被淘汰。竞争是人类进步的助推器，竞争对弱者不持怜悯之心。

◇优秀企业的竞争是一种良性竞争，是希望自己比别人更好，而不是希望别人不好。我们要以健康的心态参与市场竞争。

◇市场竞争如此激烈，如果不加强精细化、规范化、合理化、科学化管理，不提高劳动生产率，我们随时都有被淘汰的危险。

◇卫生间只要是独立的，就没有必要分男女。你家的卫生间分男女？这是降低效率嘛！

◇在市场经济条件下，别人坑蒙拐骗，我们则坚持踏踏实实搞经营。

◇多元化经营既有诱人的前景，又可能是一个大陷阱，搞不好就可能栽进去。我们的投资都要作最坏的分析，要考虑一旦失败了，自己能否承担起这个责任，会不会损失我们的商誉，累及我们的根基。

◇如果没有过紧日子的准备，或者过不惯紧日子，他一定不是一个成熟的经营者。

◇有危机意识就会在经营非常好时想到危机到来了怎么办。

◇只有充满危机感，甚至这种危机感使他变成偏执狂，只有这样的人才能真正把工作做好。

◇机会不等人，如果我们不抓住机会，等来的只会是危机。

◇企业不可能一直在顺境中成长壮大，逆境会淘汰多数缺乏应战准备的企业。

◇企业最重要的是在快速发展的同时保持健康和稳定，要在自己的领域里做出独特的地方，创造出自己的特点，成为行业强者。民营企业成长期间会遇到很多困惑，但一定要坚持下来，把困难看成锻炼的机会。市场好时我们应该发展得更快一些，市场不好时我们也要比别人发展得快，只有这样才能成功。

◇我们任重而道远，但我们只能知难而进，再困难都要闯下去，直至成功。

◇在市场绝对疲软甚至全面危机中，只要不悲观失望，只要下狠心抓管理，完全有可能创造出自己的相对优势，有可能获得局部好转，最终比别人更快地走出阴影。

◇商品市场上的风险是客观的，没有敢冒险的精神就干不成事业。当然，这并不意味着胆大妄为。

◇企业务必做好精细化管理，精细化管理既是战术，也是战略。企业改进永无止境。

◇我们要千方百计争取各方面的相对优势，要先建立局部优势，再争取全面优势。

◇“计划经济往往无计划，市场经济更需要计划”，这句话颇有道理。

◇要成大业者，要做大事情的人，必须先沉下来，扎扎实实地做好每一件小事情，做好每一件甚至人家瞧不起的小事情，从中悟出些道理，从中增长才干，从中锤炼自己。

◇扎扎实实地做困难的事，做人家不愿做的事，做人家看不起的事，做看起来是微不足道的事，而不是想象中的轰轰烈烈的事。从点点滴滴做起，让每件事更加合理，这样点点滴滴地改进，几年后公司就会很好。从点点滴滴做起，只管细节，不求结果，结果就是自然而然的。

◇领导者又叫领袖，孩子小时候不会穿衣服，因为他最先抓住衣服的下摆穿，穿不上，父母这时就会教他把衣领拿起来，然后把手放进袖里面，就穿上了。领袖就是这样，抓住事情的要害，并带领一帮与企业的价值观相适应的人去做事情。领袖力不是一个人孤军作战的能力，而是一个团队作战的能力。

◇领导人主要有四项工作：制定标准，培训员工，规划战略，管理例外。处理上述四项工作时，第一是安全性，第二是重要性，第三是时序性，第四是经济性，要在这四个因素之间做平衡。

◇在管理工作中，领导人要让例外事情越少越好，因为工作已经形成标准，员工都知道该怎么做。标准可以用文字叙述，但主要是用数字表示，用表格体现。

◇一个优秀的企业，干部员工都是管理者，员工的管理工作更多一些。“管”就是戴着竹笠的“官”，我们管理者需要随时“戴着帽子”到一线，帮助员工按照标准操作，否则“扔掉帽子”就成了坐在办公室里的“官员”。官以管人为主，管理者以管事为主。

◇有的员工按领导的要求做，不太动脑筋。让员工不动脑筋做工作，表面上他很轻松，其实是害了他，因为他的能力没有得到锻炼。十年以后，人也老了，技能也没有，社会进步了，到哪里都不受欢迎，那样就对不起我们的员工。

◇东方希望提倡“导弹式管理”，也可以理解为“问路式管理”，它们的原理抽象出来是一样的。导弹按规定方向运行，并不断修正，问路也一样，按大方向走，发现错误就修改。导弹式管理抽象出来，就是确定标准，发现差距，查找原因，制定措施，进行纠正后按标准测量，再循环往复。我们一定要确定标准，标准可以有一个范围，比如，

+0.5，–0.1，在这个范围内都视为符合标准。如果发现偏差就要寻找原因。按丰田管理方式，要问五个为什么。一般说来，没有问到第五个问题就解决了。

◇企业仅仅把事情做对还不够，要发展就必须创新。什么是创新？别人没有做过的事，自己不会做或者以前不敢做的事情，现在做成功了，就是创新。当然不是每次创新都会成功，我们允许失败，但要控制风险。创新不是例外的事，而是我们应该做的事。社会在进步，以前没有做过的事你不做别人也会做。创新成功以后就会变成一种标准，不按这个标准做就会被淘汰。我们要按标准做事，但一直用标准做事又会失败，所以创新和标准是不断地变化的。

附注：

东方希望集团管理观念解读

1. 领导管理

A. 制定标准：包括引进标准，建立标准和修改标准。公司所有的生产、经营环节，能建立标准的均应建立标准。能数字化的标准必须数字化，标准应随着企业发展分阶段定期修改和提高。

B. 培训员工：干部要挑选认同企业价值观的员工，对他们进行价值观和工作标准培训。在工作和培训过程中，发现、提拔优秀的员工。

C. 规划战略：干部要抽出时间思考下一阶段该做的事，明年、后年乃至三到十年后该做的事。日常管理要求持续地改善，战略规划需要有突破性的思维。干部要将美好的愿景描述给员工，并通过实际行动为员工搭建更大更高的发展平台。

D. 管理例外：当政策发生变化或者发生灾害等突发事件，员工难以再按原来的标准操作时，干部所做的工作叫例外管理。干部应该有预见性地做好日常工作，尽力减少、避免例外管理事件发生。一旦发生突发事件，干部必须挺身而出，担当责任，动用各种资源，领导和组织员工战胜困难。

2. 时间管理

A. 安全性：凡事第一考虑安全性，没有安全性一票否决。安全性的关键是正确的措施和措施的及时与落实，只要做好这一点，就能避免因为安全性不够而拖延做事。

B. 重要性：管理者要对事情进行分类，重要的事亲自做，具体的事授权下属做，让下属在做事中培养能力，从而让每个人都先做重要的事。

C. 时序性：按照重要和紧急的程度，先做重要紧急的事，再做重要的事。不能让紧急而不重要的事情占用我们大量的时间。明白什么事情为今天做的，什么事情是为几年后做的，把需要做的事情分轻重缓急安排在不同时段完成。

D. 经济性：经济性是企业追求的主要目标，管理者要围绕提升企业效益全力以赴地工作。在维护企业长远发展的前提下，经济效益显著的事优先做，经济效益较好的事选择性地做，经济效益差的要明白为什么要做。

以上四点之间是辩证统一的，具体情况要具体分析，难以用数据量化各自所占的比重。经济性是安全性、重要性、时序性的结果。

3. 标准管理

A. 对照标准：由上级制定。员工必须按照标准工作，通过让自己的操作符合标准来管理自己的工作。我们鼓励员工对上级提出修改标准的建议，但必须经上级认可和审定才能改变，所以此处用虚线框了起来。

B. 测量现状：工作现场中的具体情况，能用数据描述的必须用数据描述，要求客观、真实。认清现状是工作改进的基础。

C. 计算差距：用现状和标准“做减法”，看差值是否在允许的正负误差范围内，差距也必须用数据描述。

D. 分析原因：如果工作现状未达到标准，应至少问三个“为什么”，找到问题的症结。

E. 实施改善：根据发现的问题真相，在操作规范的范围内，找出解决工作现状与标准之间差距的办法，使工作现状达到标准要求。若偏差太大，超过操作规范范围，应上报上级，引入上级例外管理。

以上五点在工作中循环往复，持续改进，精益求精。

东方希望集团安全原则

一、正确措施及时落实到位；

二、所有的事故都是可以预防的；

三、安全是所有工作的前提；

四、管工作必须管安全；

五、管理安全是直线组织的责任；

六、管理者必须用行动展示安全承诺；

七、管理者必须承担预防事故安全的责任；

八、管理者必须进行安全观察；

九、员工必须持续接受安全培训；

十、安全工作就是我的责任。

东方希望集团安全管理述职制度

一、六抓

1. 抓全员素质；

2. 抓员工训练；

3. 抓责任制及规章制度落实；

4. 抓经常性安全检查；

5. 抓事故隐患整改；

6. 抓安全生产活动。

二、七控

1. 个人自控；

2. 小组互控；

3. 班组联控；

4. 管理人员监控；

5. 制度强控；

6. 设备保控；

7. 网络全控。

三、八检查

1. 现场检查；

2. 作业组日检；

3. 班组检查；

4. 车间或项目部检查；

5. 综合检查；

6. 专项检查；

7. 专业检查；

8. 季节性检查。

第六章

刘永行说市场 6

付出多一点、贡献多一点

[提要]

为消费者付出多一点、贡献多一点

消费者的价值观是每个人都想付出少一点、得到多一点，因为他们是上帝，这是促进社会进步最重要的一点。你唯一可做的就是为消费者付出多一点、贡献多一点。

企业要面对两个对象，一个是消费者，一个是生产者。消费者买东西都想付出少一点、得到多一点，这也是大众的价值观，看起来很落后、很自私，我却认为它是促进社会进步最重要的动力，我们作为消费者时也有这种需求。然而如果我们作为生产者或者创造者时也带着这种价值观就很麻烦，我们就可能生产假冒伪劣产品，或者偷工减料，最终将会被消费者所淘汰，因为消费者是市场的裁判，只有价廉物美他才会认可。因此，作为生产者时，我们要用创造者的价值观，用强势思维来对待这个问题。这时我们的价值观应该转换为为消费者付出多一点、贡献多一点。有了这样的观念，我们就会主动地为社会、为国家做贡献，而不是在遭受市场惩罚后被动地迎合市场，我们主动工作就会感到心情非常愉快。

当然，为消费者付出多一点、贡献多一点不能简单地理解为降价或者免费赠送产品，因为那样会削弱公司的竞争力，也无法长久地坚持下去。我们追求的是努力提高工作效率，消除一切形式的浪费，保证产品质量，提升公司的竞争力，从而使消费者在付出相同成本时，在我们这里获得更多的价值和服务。

[释义]

刘永行先生说，我们在产品战略格局上坚决不走表面高档、豪华的路线，不以小成本换取大利益，因为那只是空中楼阁，华而不实。我们要准确定位，生产出利润不大、价格不高、质量可靠的产品。只有我们“付出多一点、贡献多一点”，才能使消费者“付出少一点、得到多一点”。

企业发展壮大得益于遵循市场法则，坚持处处为客户着想的经营理念，其核心在于能够生产出市场需求的一流产品，在于坚持在产品上推陈出新、在质量上精益求精、在技术上不断创新，以产品的高质量、高效能来占领市场。

刘永行先生说，我们坚持诚信经营，不做假。我坚信市场是有回报的，这就是诚信所带来的价值。我们的眼光要看远一点，所以，我们坚持在质量问题上不退让。

市场是最公平的

作为饲料生产厂家来说，市场降价、涨价其实是无所谓的，都一样有商机。如何把价格波动转化为商机，这才是我们需要做的事。市场对我们好，对我们的竞争对手也好，大家都好。市场持续疲软当然是坏事，对所有企业都有坏处，但从长期考虑的话，对我们则不一定是坏事，可能还是好事。为什么呢？如果市场持续疲软，那些没有长期打算、不具备规模的企业很可能坚持不下去，市场将会把他们淘汰出局。如果做不到这一点，我们也要垮掉。

市场竞争是什么呢？市场竞争就是买方经济，是由买方来决定哪个企业生存，哪个企业不能生存。怎么样决定呢？就看哪个产品对客户最有利，你给他提供的价值最大。客户如果能够从你的产品中得到更多好处，他就长期买你的产品，让你生存下去。如果你这个好处不如人家多，他就不买你的产品，而买人家的产品，人家就能够生存下去，你就被淘汰了，这就是市场经济的特点。在这种条件下，决定企业能否生存的唯一主宰力量就是客户。我们要生存下去，就要有长期打算，我们的一切都要围绕这个目标——提供质优价廉的产品，再加上我们的服务，企业才能长期生存下去。决定我们生存的不是我们自己，而是客户。不管你说得再好，不管你以前有多高的声誉，我考虑的是我买了你的产品以后，我赚得到钱赚不到钱，赚多还是赚少，会不会带来麻烦，客户只考虑他自己的问题。这就要看我们能不能为客户提供超过社会平均价值的东西，这就要看我们能不能为客户提供超过竞争对手价值的东西。只有这一点，没有第二点，其他都是辅助的，比如服务态度，这些都是跟这个东西相配套的。既然我们的生存权取决于社会，取决于消费者，那么，我们就只有增强竞争力，让成本更低，让质量更稳，让我们的客户能够得到更多利益。

我们生产的是生产资料，生产资料与保健品不一样，原料成本占了80%，推销费用占比很小，多了客户负担不起。它逼着我们在企业管理上下功夫，从降低成本上下功夫，从提高质量上下功夫，使我们能够给客户提供货真价实的更高性价比的产品。只有这样的产品才有生命力，只有这样的企业才不会被竞争对手打垮。

经营企业不是你想要得到什么，而是你能为客户提供什么。你要长期生存下去，你就必须帮他赚钱，你不是说你想赚钱，市场经济就是这个特点，不是说你想赚钱就赚钱，首先是你能为客户提供什么好处。老百姓他不会管你的产品有多好，老百姓考虑的是对自己有什么用，所以说我们的产品一定要给消费者提供好处。你在为社会提供服务中，利润是自然而然的，他赚的钱越多你得到的回报就越多，这一点儿都不矛盾，只是看你想清楚了没有。

说到产品质量，很多人有一个误区，就是要把质量做到最高。错了，不是最高，最高是没有边界的。如果我把水瓶做到捏不扁、摔不烂，成本就要增加三倍，但对水来说没有用，这些代价最终都是要客户承担的。我们的目标是客户用了我们的产品相比之下赚更多的钱。所以，质量要适当，要适当好，而不是最好。在这种理念指导之下，我们不是要提供最好的质量，而是要提供最好的性价比，我们追求的是这个商数最大。这个靠什么呢？靠我们的观念，靠我们的技术，靠我们的严格管理，我们一度电、一滴水、一张纸，还有一个配件、一个横木，这样点点滴滴积累起来就不得了。

在产品定位上，既要顺应市场，更要引导市场，不能走轻松的路。初期可以适当顺应市场，慢慢引入。美国不用鱼粉，鱼粉都卖到中国了。欧洲、加拿大的饲料管得很严，但他们都不用或很少用鱼粉，甚至豆粕也不用，因为他们“穷”，他们什么原料都用。外国人很务实，主要从效益上来研究原料，保证质量，由于我国饲料销售有中间商这个环节，所以才会有过多对气味、颜色的要求。

我们并不需要去讨好市场，并不需要花很多钱。你不是去索取，你是去奉献，就像王永庆卖米一样。王永庆怎么卖米？他要问你家几口人，家里还有多少米，并找出最佳时间，不让你买多了，让你随时能吃到新米。当你的米快要吃完时，他会亲自把米送到你家，送到家里还不说，还要帮你把陈米倒出来，把新米倒进去，还不忘将新米放在下面，将陈米放在上面。王永庆从小事做起赢得了市场，赢得了市场的感情。试看谁能从王永庆这样的人手上夺取市场？

企业是建立在市场基础上的，它不是政府、银行、领导决定的，甚至不是董事会决定的，而是真正的客户决定的。最终决定你命运的是客户，你不在管理上、产品上、服务上下功夫，企业就没有发展前途。不管怎么说，策划只是“味精”，产品才是“饭”，策划再好，最后产品搞不好还是没有意义。资产经营、资本经营这些东西，最终还是要落在产品经营上。产品经营是基础，没有产品作载体，纵然你把财富拿过来，也只是实现了财产的转移，但不能让它保值增值，并没有增加社会财富。如果你是一位优秀的企业家，你把资产拿过来要用于为社会创造财富，这才是最根本的。不然的话，你就是“把味精当饭吃”，就是对社会不负责任。无形资产要有与之匹配的有形资产作载体才装得下，不然就会溢出来。容器太小，商誉再大都是假的。

相对优势是决定企业生死存亡的根本问题

在竞争日益加剧的今天，投资决策需要慎之又慎，因为市场根本不会给你纠正错误的时间和机会。当东方希望选择铝业作为第二主业时，很多朋友表示不解。他们觉得这个产业产能过剩，科技含量不高，属于夕阳产业。其实，这是投资理念的差异。在我看来，投资不分产业，不看它的科技含量，也不看它是朝阳产业还是夕阳产业，比如钢铁行业，在日本是夕阳产业，在韩国也已经过了巅峰期，但在美国还是朝阳产业。那么，在中国是不是朝阳产业呢？有一点是确定无疑的，那就是如果像以前那样，把某个市作为一个钢铁企业的做法，无论做什么产业都没有出路。

如何才能不被子弹击中？除了闪躲之外，只有和子弹跑得一样快或者更快。如果愿意的话，你还可以随时把它抓在手里。这是相对速度的概念，企业竞争力也一样。

我作投资决策只看一个东西，就是相对竞争优势。相对竞争优势不是产业或者行业领域决定的，而是进入以后的投资管理能力决定的。在选择第二主业时，我考虑的是企业的相对竞争优势，我发现这才是决定企业生死存亡的根本。

外资企业几乎都是战略性投资，我们必须采取相反的策略。只要我们不被其财大气粗所吓倒，在规模上不贪大求洋，追求适度规模适当利润，我们就占有相对优势。等他们想要利润的时候，我们再开始降低成本、降低价格，来抢占市场。"相对竞争优势论"的核心是效率问题，其精髓在于把企业建立在市场经济、充分竞争的基础上。

在危机中寻找生机

依我看，市场疲软中也有机会可抓。在市场疲软的压力下，企业内部平时没暴露的深层次矛盾突出了、尖锐了，平时没有留意的管理漏洞被放大了，平时没有时间和精力来解决的难题现在有条件也可以下决心解决了。辩证地看，这时市场为每个竞争者提供了生存或死亡的选择机会，一味在唉声叹气中消极等待，你就会面对失败。

许多时候我们对自身的问题不是缺乏认识，而是缺少解决的必要条件或时机。市场疲软既制造危机，也创造机遇，它让你更深更多地看到自身的不足，也给你更强更大的改进动力，就看你去不去利用它。利用得好，你就会超前一步取得比对手多一点的相对优势，在市场最艰难时你就比别人多了一线生机。

以积极的心态面对市场疲软，以危机意识提醒成功，一直是我的市场观点。这使我们不管在顺境或逆境时都能够有所作为。在市场顺利时我们领先一步做实基础工作，使我们能够在别人获利时赢大利，在别人保本时获微利，在别人亏损时还能保本。市场疲软时我们狠抓提高劳动生产率、降低吨工资含量的工作，如精减机构、合并岗位、节省开支这些难度较大的改革，推行起来阻力也会比较小、改进的效果更明显。这说明压力能减少阻力，创造相对好的外部条件。

过去我们许多总经理看不见吨工资含量高的威胁，市场一疲软漏洞就出来了，这时市场逼着你去改进管理，去降低成本，去提高效率，增强竞争力。在危机中寻找生机，是每一个有胆识、责任感和事业心的企业家的必然选择。

总经理必须有强烈的市场观和成本观，随时处于征战状态。怎么样来搞好营销呢？首先，我们要解除认为市场疲软时不可能增加销量这种观念上的禁锢。市场疲软时平均销量都会下降，但如果能够找出好的办法，我们的工作做得比较扎实，销量不一定会降，反而有可能异军突起。这就要靠科学的方法，加上艰辛的努力，也就是我们“企业相对论”的观点，就是在市场总体疲软时，我们不是透过平均值的增长来争取市场，而是通过自己的努力来取得相对优势。市场占有量相对增加就会增加我们的绝对占有量，从而使我们在市场疲软时仍能取得比较大的进展。这是一项非常艰难的工作，我们不能自我设限，一定要树立这个观点。“我是聪明的，我不笨，我愿意学习，我愿意采取科学的方法，我愿意付出艰辛的劳动，我就一定能比人家做得更好”，只要总经理采取这种思维方式，销售部经理采取这种思维方式，销售员采取这种思维方式，每个员工都采取这种思维方式，我们就能够取得突破。

任何时候都说“太好了”

在买方市场占主导时，应该把选择权交给消费者，不断满足消费者“付出少一点、得到多一点”的价值观。消费者“得到”有两个方面：一个是同样的质量，价格低一点；二是同样的质量，附加值多一点，包括放心度、安全性、信任感等。

任何规范的、经验的、学得来的东西都是“中庸之道”，优秀企业光是“中庸之道”是不够的，这样最多能够让我们在这个行业里面处于中间地位，要成功就必须创新。创新有很多方面，知识创新、制度创新、营销创新、管理创新、技术创新，甚至包括一些更具体的东西。凡是跟人打交道的地方必须要创新，因为人的需求在不断变化。

当思维处于创新状态时，我们就会战胜很多困难，我们就成长起来了，自信心也会增强。当然，创新不是要你开发一大堆新产品，而是建立在分析市场、研究市场的基础上。这就需要克服思维惯性，打破“中庸之道”。

创新最大的障碍就是固有思维，因为每个人都喜欢生活在“舒适区”，按照昨天的办法去做，按照去年的办法去做，按照习以为常的办法去做，从上到下都习惯了，就成为一种行为模式，我们就会觉得很舒服。这种不动脑筋的条件反射就是“中庸之道”。我们不是说“中庸之道”不好，生产线上就需要“中庸之道”，需要非常熟练的操作。每个人都是这样，包括我自己，天天来做习以为常的事情就觉得很轻松，我们为这一套行之有效的行为习惯已经付出了很多，似乎可以松一口气了。在可以松一口气时，情况其实已经发生了变化，你也许可以停留一段时间，也许一刻也不能停留。为什么呢？市场经济千变万化，消费者“付出少一点、得到多一点”的观念决定了他们会永无止境地提出需求，这也是社会进步的原动力。因此，你必须不断创新，不断改进，不断去满足消费者的需求。

创新充满不确定性，创新失败的可能性很大，所以创新必须先行试点。每个公司都可以在不造成重大损失的前提下进行局部试点，我们也可以在一些公司进行制度创新方面的试点。这样既增加了企业活力，也规避了创新的风险。

我们必须主动去思考去改进，等市场逼着你去做，等变化逼着你去改变，就已经是“中庸之道”了。我们要有主动意识、主动行为，这样竞争力就加强了。在市场经济条件下，消费者的权利就是选择“付出少一点、得到多一点”，人的本性就是这样。要成为优秀者就要与众不同，就要改变这种大众思维习惯。这个世界是强者的天下，从社会发展的历史长河看，胜者为王，也只有强者才能促进社会发展，反之就会被社会所淘汰。动物界的发展进程就是这样，只有基因优秀的动物才有遗传的可能，才有生存的可能。

历代江山都是打出来的。你要成为王者就需要战斗力，就要打拼，就要长得强壮，生物的进化就是这样。你的基因必须是强大的你才能生存下去，优秀的企业文化也是这样。谁来满足市场经济条件下消费者“付出少一点、得到多一点”消费需求？强势企业。你不做强者就不能成为优秀企业，更不能成为“百年老店”。

社会进步和企业发展迫使我们成为强者，总经理不但自己要强健，要自信，要创新，还要培养人，让企业成长。每个总经理都必须是冠军，都要有强者基因，体质差了自然不行，但更重要的是你的智慧和价值观，你的沟通能力，你的激情，你对企业文化的传播，你的洞察力，你的行动力，你的指挥能力和影响力。

我们必须有强者观念，任何时候都说“太好了”，市场利润高时我们可以加快发展，可以培养人，太好了；市场疲软时可以进行精益化管理，培训员工，准备迎接将来的整合，太好了；现在行业整合开始了，我们已经提前几年做好了准备，太好了；现在利润少了，逼着我们去创新，去提供超值服务，去为消费者“付出多一点、贡献多一点”，太好了。

这时的利润该是你的

我们新津总厂有几年时间购买饲料者连续排队，排二十几天，排两公里长。上海希望有一段时间也是这样。这说明什么？说明我们技术有优势，成本有优势，我们用这个价位卖，养殖户利润比较好。那么，这时的利润该是你的。这时你唯一的目标就是把产量扩大，把市场占有率提高。相反的，不该你拿利润时你拿了，你就要倒霉。你的质量不好，你的服务不好，你的费用高，不该你盈利时你想盈利，盈利之后也要吐出来。所以，赚钱时一定要赚自己的钱，不能赚客户的钱。客户他这样想，你赚不赚钱关我什么事，我只要好的产品，不是帮你赚钱。所以说，如果你要赚钱的话，一定是赚你自己的钱，你的技术含量高，你的管理好，你的成本低，每个员工的潜能发挥得好，我们每吨的工资不是80元，而是30元，社会平均是40元，那这50元就是你的。人家投资1亿元，我投资1000万元，同样的设备我折旧一年少提800万元，我的财务费用少200万元，省下来1000万元就是你的。这样，你的利润就起来了，你赚的钱就不会被人抢去。赚钱一定要赚自己的钱，不要赚客户的钱，我们虽然是通过客户来实现利润的，但同样价格，我们一定要帮助客户赚到更多的钱，剩下来的才是我们的，要用这种观点去经营。精细化管理、规范化管理并不是要降低员工工资，而是要提高单位劳动力的生产效率，这样省下来的钱就是利润，这样省下来的钱就稳当。

我希望大家提高认识水平，不要企图从农民手上去抠钱，而是要加强管理，提高效率，减少消耗，降低成本，从我们自己身上来赚钱。

那时的主要目标是抢占市场

创业初期我们靠质量、靠机遇赢得了市场，当时我们不需要销售员，不需要原料员，都是凭电话，我们商誉好，人家相信我们。当时原料很困难，我们不能到东北去采购，只能靠粮食部门，这恰恰帮助我们减少了人力资源消耗。依靠商誉，周围的饲料厂都成了我们的供应商，我们把劣势变成了优势。我们当时没有仓库，一个月销10000多吨饲料，占地只有13亩，车间都是由鹌鹑养殖场改建的，但这样反而带来了高效率。没有原料，每天白天晚上，周围各个县的饲料厂都在给我们送原料，我们的原料基本上是零库存。每天要销售三五百吨饲料，我们没有成品库，就晚上生产第二天上午卖，上午生产下午卖，饲料还是热的就卖出去了，但我们恰恰实现了零库存，效率非常高。

当时那么粗放的管理我们居然赢得了市场，进而向全国挺进。那时的主要目标是抢占市场，我们比较粗放，但那时还是对的，因为我们毕竟抢占了市场，赢得了先机。

1995年以后的几年也是这样，我们拼命发展赢得了先机，而且所建的大多数工厂都是当年赚回的，但这样的好景肯定不会太长。

不该你得到的，得到了也要吐出来

1996年年底、1997年年初，上海希望遭受重挫。为什么？与我们的品质管理有关。从创业初期，1994年、1995年、1996年这三年，上海希望都取得了非常好的效益。1996年下半年我们换了一个总经理，他在房山希望实习了两三个月，由于表现比较好，总部误认为这个人比较优秀，就重用了。到了上海希望，他也非常努力，三个月就转正了，但这恰恰害了他，他觉得自己不得了，这种心理状态必然要出问题。当时市场疲软，眼看自己就要出成绩了，这时他着急得不得了。刚好又有客户要求他降价，但原料还在涨价，他想反正希望集团饲料好卖，他把质量降了点照样好卖。我们做配方时都留了点余量，但效益要下降。第一次他把余量丢掉了，市场上没有太大的反应。看到这一手有效，他马上再来，这一降马上出了问题，经销商得了三倍的利润，但对养殖户还是按原价卖，人家相信我们。这时我派一个总经理去了解市场，他将问题反映到我这里来了。发现这个问题，我打电话去给上海希望的总经理，要他一定按总部的配方来做，下来之后他跟人家商量，说董事长只是非常严格地要求，但总的来说还算比较客气，既然董事长比较客气，我们就悄悄地整下去，不让他晓得就行了，就这样维持着虚假的繁荣。这时，华东的其他几个兄弟公司也学着他做。几个月后，销量和效益开始大幅下降 。春节过后，竞争对手降价了，我们的质量不好，价格也没有降，客户就跑到竞争对手那里去了，他们销量急剧上升，我们则到了亏损的边缘。三月初我到华东去调查，有经销商指着我的鼻子骂，说你们质量越做越差，用了之后光长毛不长肉，这时我才意识到了问题的严重性。于是，我不得不在上海住了一个多月，亲自来解决这一问题。3月15日是消费者权益日，我在上海召开新闻发布会，说什么呢？说我们把质量做差了？说我们偷工减料了？说我们的总经理不行了？都不能说，只能说市场疲软，农民不赚钱，我们为了回馈客户，决定大幅度降价。信息传出去，美国和香港、台湾的媒体都报道了，说明希望集团影响之大，但如果搞不好将会臭名远扬。在内部，我召集华东几家公司开会，我讲那是对农民的犯罪，我们把商誉卖掉了，经销商利用了我们，我们得了不该得的钱。现在我们只有向农民谢罪，真真实实地向农民谢罪，把不该得的钱吐出来才不会垮掉。我说这是市场对我们的惩罚，我们的行为是认认真真地向农民谢罪。我们必须这样做，没有第二条路可走。

接下来我们进行了组织调整，坚决拿下了追求短期行为的总经理。我们狠抓质量，让利销售，并把大部分利润让了出去。通过一年多的努力市场才逐步恢复，但无论如何，我们在农民心目中的地位是下降了，这个影响可能会持续很长很长时间。现在过去很久了我们才来公开说，但这种现象再玩一次我们就完蛋了。这说明了什么问题呢？说明我们一定要树立长远经营思想，不能捞一把就走，一定要把客户的利益放在第一位。客户是我们的衣食父母，我们的产品不能帮助他们，他们就会抛弃我们。这是最根本的，违背了就要垮掉，这是非常深刻的教训。市场认可你的产品，客户用了你的产品能够获得比其他企业更多的利润，这时你大胆要你的利润，因为这时你首先保证了客户的利益，保证了经销商的利益，这里面有技术含量，有经营管理，当然还有一部分商誉。商誉创造的利润最好不要拿，商誉创造的市场你可以要，但利润你不能要，因为商誉你可以多卖钱，但这个钱你不能多要，你多要的话就是在透支商誉，透支商誉得到的利润你一定得再吐出来。

到了一定阶段也许就没有销售员了

到了一定阶段也许就没有销售员了，为什么？因为养不起销售员了。美国的饲料厂没有销售员，就是靠合同，那种靠销售员去狂轰滥炸的现象根本不可能持久。当然，我们不是否定销售员的作用，而是说如果不提高销售员的素质，不把技术服务搞上去，销售员将来必定被淘汰。你不钻研技术，只靠现在这点本事将来一定被淘汰。被淘汰时可能你的年龄又大了，那就没有办法了。所以，我们必须加强管理，到时也许我们的工厂就是一个或两个售后服务人员兼销售员，售后服务人员、技术服务人员必须靠技术，必须靠售后服务，那时养殖场的规模已经比较大了，经销商将大面积消失。经销商可以卖糖果，因为糖果拿给你是一元你可以卖三元，但不允许经销商每吨饲料再赚两三百元钱了。那时规模养殖场已经比较大了，他们完全可以直接与工厂建立合约关系，销售员自然就不存在了，销售员必须变为售后服务人员、技术服务人员。所以说，我们的人员减不下来，到时非减下来不可。到时社会进步了，我们也可以把门卫去掉，把保安去掉。国外的所有工厂都不办食堂，即使中午加餐也非常简单，并且都是自己回家，没有员工宿舍。所以，我认为10年后我国的工资能够提高10倍完全是可能的，那时我们的设备也要更新了，一天可以生产500吨，我们让它生产300吨，每个机械上就两三个人，然后有一两个售后服务人员，还有厂长、经理，也许我们还会保留炊事员，保留原料员。那时我们一定不用现金买饲料了，就不需要点钞员了，出纳员基本上也不需要了，那时也许只需要一个会计了，因为完全电脑化了。那时发货员也不需要了，有些岗位完全可以兼起来，收货员也许可以简化到一个人。所以，我的设想是十年以后，我们100吨的工厂、300吨的工厂只有边远地区才有，也许每个工厂都是300吨~600吨这样的规模，总共也许只要30个人。如果你做不到这一点，你的企业只有倒闭，就会像从前的国有企业一样。我们必须逼着大家这样去做，因为不逼着去做最终就要被淘汰，最终将会对不起大家。

宁可少销也要把欠款压下去

宁可少销也要把欠款压下去，财务部一定不能放松。新公司一律不开口子，我们宁可为此丢掉一批客户。对超过指标的总经理、财务部经理、销售部经理一律不得升级，甚至降级、开除，我们绝对不开这个口子，增加应收账款完全是无效销售。

不准去无应收款的地方打新客户，搞应收账款完全是死路一条，要死了这颗心。这是一颗毒瘤，绝对不能让它长大。三个月不还款，你的利润就全部丢掉了，欠款的客户都很刁，在价格上也算得很精，我们冒不起这个风险，谁要用此话来吓唬总部，总部就认为这是一种威胁。赊欠销售没有价值，有应收账款基数的公司去没有应收账款的地区销售，我们将处分总经理。

原料经营思路：降价要空，平价要少，涨价要满

我测算了一下，在上海希望盈利2500万元、2800万元的几年里，我们每年造成的各种资源浪费大约是500万元。我们浪费掉的这500万元就是以后我们的利润，也刚好就是我们这几年节约下来的钱。上海希望当时是优秀公司，优秀公司都是这样，其他公司就可想而知了。所以，在市场困难，甚至是极度困难时，在90%的饲料厂都亏损时，像上海希

望这样的公司仍然有比较好的利润，这个利润恰恰是我们自己节约出来的，我们就能够把原来的利润拿来参与竞争，我们的竞争力就会增强。

在大家心目中，我们的劳动效率已经提得比较高了，是不是不需要改进了？不是的，如果不继续改进，我们现在还过得去，也许三年以后就过不去了。

我们的原料经营思路：降价要空；平价要少，涨价要满。这样把握，让原料经营也能产生利润，原料经营上产生的利润是干捡的，这个利润在你制造之前就赚回来了。

原料相对来说比较好管，因为有了量化指标，任何人包庇你都不行。既然有这个硬指标，营私舞弊就很难实施了，某人想送你一万元，想把价格提高20元，你不敢，价格体系大家监督得很紧，你价格为什么高，大家就要问为什么，可能周边公司都会帮你调查，不该储存的物资你送来了，比如原料在降价，本来你只订一个车皮，结果送了10个车皮，你把他收下了，你的考核指标就过不了关。

我们还有另外的体系，比如财务体系、总部控制体系，这样就不给员工走上邪路的机会，我们只给你提供一条大道，使大家把聪明才智都放在用数据说话、用成绩说话上，而不要把心思用在勾兑关系上面。

采购商品一定要引入竞争机制

我要求工程部买地磅必须降价，为什么呢？他们质量好，我们用得多，但已经两年没有降价了，这就不对。从常理上说，钢铁价格不断下降，电子元件的价格不断下降，他一定要降价。他不降怎么办？我们宁可买价格高一点也要把他们甩掉，因为他们知道你无法摆脱自己时就没有竞争机制了。采购商品一定要引入竞争机制，不然就没有办法保证我们的利益了。

打假要悄悄地进行

我们对假冒伪劣产品非常气愤，当年王海到成都打假，很多人反对他，我就支持他。他当时准备成立公司，我说我资助你，后来我出钱支持他成立了一家公司。我并不干预他，完全不干预，他不需要为我承担什么责任，我只是认为他是非常好的，所以支持他。

我们在发展过程中深受假冒伪劣之害，我们有一项重要工作就是打假。打假可以从几个方面做工作：首先要借助于法律。其次是深入市场，借助客户搞群众监督。

早年我就专门安排了一场戏，因为一个制假窝点非常蛮横，我们打假第一次失败了，第二次我们就安排人扮演成卖货的，他去先联系好，我们的打假专员跟他一起，接着与公安机关一起出动，在现场把他抓住了。为了演得像一点，我们连那个扮演者一起抓了，一起抓到公安局。

当你的措施比较得力时，当你的群众发动起来后，当你的经销商都成为你的监察员时，假冒伪劣就少了。当然，这是一个永恒的课题，你打了这个，另一个又发生。但是，有一点必须切记，就是打假要悄悄地进行，千万不要大轰大嗡。

刘永行说市场

◇许多企业失败并非是资金不够，也不是技术落后，更不是规模不大，而是没有相对优势，也就是企业没有把生产、经营、销售体系建立在竞争的基础上。

◇不随大流是我的一贯做法，比如说大家都在抱怨市场不规范，其实市场不规范就是商机，因为如果大家都不讲商誉，而我们大讲特讲，我们便鹤立鸡群，便确立了我们的相对优势。反过来，如果大家都严守契约，便显不出我们了。

◇决定企业是否生存的唯一的主宰力量就是客户。我们的利润从哪里来，第一点是自己省下的，第二点是从客户所得的利润中分到一部分，如果客户赚不到钱，我们就不能分。

◇要把价格波动转化成商机，所有商机都有风险。

◇市场疲软正好锻炼人，正好练内功；因为市场好时你不好练兵，不好进行调整，要保证供应。市场疲软时我们要抓相对优势，抓市场占有率。市场疲软时淘汰对手的代价最小。

◇适度的内部竞争是有益的，它可以促进我们改进管理，最终结果是让客户得到好处，也是一种让利行为。我们抽象来看，自我竞争就是一种自我让利行为，最终给我们的竞争对手增加了压力，促使兄弟公司改进工作，这是其积极意义。

◇没有作长远打算，只想到自己赚钱注定是要失败的。

◇市场经济是买方经济，是竞争经济，是法制经济，是信用经济，是需方经济。民营企业的优势就是市场。

◇好行情后面往往会出问题。

◇市场疲软，我把它看成是千载难逢的好时机。市场疲软你一点都不要担心，它是增强我们相对优势的大好时机，是练兵的大好时机，是加强内部整合的大好时机。

第七章

刘永行说发展

最难的那条路就是离成功最近的那条路

7

[提要]

竭尽全力创造企业相对优势

要用“既好、又快，还要消除一切形式的浪费，努力创造企业的相对优势。要在顺应大自然的前提下，利用能量转换降本增效。操作人员一定要佩戴好防护用具，做好安全措施，以确保安全。我们绝不能与大自然对抗，要“顺势而为”，读懂大自然对我们的暗示，巧妙地将大自然的力量顺应到我们的生产生活中去，在正确的道路上不断根据大自然的规律来修正自己的方法和技术，这样才会使得我们走向成功。

创造企业的相对优势要从投资建厂开始，一是投资要比别人省，二是建设速度要比别人快。这一条主要用于指导投资、建厂和技术开发。投资和设计没有做好，后面再做就很难了。

既快、又好，还要消除一切形式的浪费

我十岁左右时，有一天看到被打成右派的校长在写标语，开始写

“少种高产多收”，后来写“多种高产多收”。过了一段时间，墙上的标语又变成了“鼓足干劲，力争上游，多快好省地建设社会主义”。我弄不清究竟是“少”好还是“多”好，于是问校长，校长说他也没弄明白。

后来“多快好省”的政策并没有改变我国经济文化的落后状况，看来把“多”排在第一位容易出问题。我想，“多快好省”的理念本身很好，只是四个字排错了顺序，最好是“好快省”，好字当头，把“多”藏起来，这样的结果就会“多”，它会随之而来。把“多”作为前提容易忽视质量，把“好”作为前提就有了生命力。

“好”是前提，“快”和“省”是手段。“好”主要表现在技术先进和优质上。我们谈“好快省”时，要防止走极端，认为投资最大最先进就是“好”。“好快省”必须有机统一，“好”包括了“快”和“省”。“好”是框架型的、可补充型的、可完善型的“好”，它为“快”和“省”提供了条件，而不给“快”和“省”挡路。比如一个临时设施，可以掀掉重做，这就叫可补充型的“好”。

“快”为“省”奠定了基础。建设快能省折旧费、财务费，还能抢占市场先机，赢得更多的机会利润。

“省”可以分为几个“少”：一是少占用资源，比如少占用土地，既少用农田又减少土地费；二是少资产，固定资产和流动资金占用少，这样折旧费和财务费用低，让“湖水消退，岩石露出”，暴露问题；三是少占用人力资源，人是最有价值的资源，要让员工每一个动作都有价值，充分激发大家的潜能，防止浪费人才或者人才高消费；四是少排放，最好零排放，将污染源变废为宝。

“好快省”可以运用到多个领域。如果工厂建设全部标准化，建设就容易做到“好快省”。以融资为例，用好“好快省”，就相当于“多”融资。“快”的倍数乘以“省”的倍数，就相当于融资的倍数。比如说建设速度快一倍，投资费用省一半，就相当于融了75%的资，这个“多”不需要多花钱，只需要动用智慧。现在，我们将投资理念改成了

"既好、又快，还要消除一切形式的浪费"，这样表述就更加准确了。

[释义]

刘永行先生认为，企业发展不要想走轻松的路，最难的路就是离成功最近的路。他说，做企业必须有一点"臭虫精神"——韩国现代集团创始人郑周永在小的时候，生活条件很差，住的地方到处都是臭虫，他把床吊起来，把床脚放在水里，臭虫还是找来了。什么原因？臭虫饿了，从地面爬到梁上，再对准他掉下来咬他。这就是臭虫精神，就是百折不挠的精神。与此同时，还要有"泥鳅精神"。民营企业不要寄希望于什么国家政策的大调整，政策来了就用好它，政策不来甚至倒退也要有应对之道。民营企业几十年发展过来，应当学会最重要的一条，就是适者生存。接下来民营企业确实会成为经济投资的主体，但仍可能有很多地方不平等，这个地方、那个地方受到限制，我们按一条路、按一个计划走很可能走不通，所以，一定要做多手准备，一定要有多种预案。

刘永行先生说，要干成一番事业，不冒一点风险是不可能的。要想等到所有条件都成熟了再去干，机会早就跑得无影无踪了。只要有了八成把握，就应当先干起来，并在干的过程当中再不断调整。这时候，速度是第一位的，抓住了速度就等于抓住了机遇。

在进入重工业以后，东方希望集团显得更激进，经常是跳跃式发展，但同时，东方希望集团新进入的产业都是用自己的资金先投资，不等贷款，不靠上市，因此又显得异常保守。在激进与保守的步步跳跃中，刘永行先生和他的企业如静水深流，逐步建立起了自己在中国民营企业中的领袖地位。

刘永行先生曾说，如何才能不被子弹击中，除了闪躲之外，只有和子弹跑得一样快，或者更快，你就可以随时把它抓在手里。

刘永行先生作投资决策只看一样东西，那就是相对竞争优势。"相对竞争优势论”的核心是效率问题。比如，在某个产业，如果国有企业能做出10％的利润，我们就可以毫不犹豫地进入；如果国有企业勉强打平，我们进入需要稍加琢磨。

在企业发展上，刘永行先生认为，民营企业依靠同当地政府官员拉私人关系来寻找发展机会是短期行为。他说，企业家的着眼点应该是如何把企业培育成优秀企业。因为任何地区的政府领导都要发展经济，而企业的业绩变为地方政府领导的政绩，这才是企业的长远策略。

刘永行先生说，我们用自己的钱来做事，用自己的钱就用得很小心。中国企业的成功在于“简单”，失败在于“复杂”。“简单”在于资源集中，主业突出；“复杂”在于投资分散，主业不突出。圈来的钱太多了，就可能脑子发热，投资失控，最后反而害了企业。

恪守投资三原则

东方希望恪守投资三原则：专业化经营原则、稳步扩张原则和向上游扩张原则。

专业化经营原则：我认为，可以多元化投资，但绝不能多元化经营。我们坚持专业化经营，虽然在其他领域进行了一些股权投资，但我们并不参与这些项目的日常经营管理。即使在决定投资铝电产业、赖氨酸产业后，我们也只是将专业化经营提升到了产业群经营的高度，因为铝电和赖氨酸并不是两个孤立的产业，它们通过火力发电链接了起来，形成了一个有机的整体。

稳步扩张原则：东方希望在发展过程中，重大投资极少使用并购等手段实现。我不排斥企业上市，但坚持稳步扩张原则。我们在饲料、铝电、赖氨酸产业都没有大规模并购活动。铝电产业先通过投资山东信发希望铝业，在获得经验后再在包头进行大规模投资。赖氨酸产业更是如此，在实验室研究和工厂中试验成功后，我们才在包头进行产业化投资。

对于不选择并购的原因，我坚持认为，自己建设可以做到质量更好，成本更低，因此更合算。

向上游扩张原则：我认为，向上游扩张不用做市场，自己下游的产业就是上游的市场，而且向上游扩张需要更多的资本、更高的技术门槛，因此，竞争对手少。

在饲料产业中，东方希望从加工业向原料业进行扩张，除玉米、大豆等农产品坚持自己不生产外，绝大部分原料已经能够自己生产。铝业也是如此，从电解铝向氧化铝扩张，建立自备火力发电厂，保证了下游产业的低成本运作。

我们成功靠什么

我总结了一下我们在生产资料领域内的发展规律，就是每个时期都有每个时期的核心竞争力。结合我们集团来看，我认为经历了五个时期，这五个时期分别是胆识、技术、规模、宣传、成本。这个适合于我们集团，部分适合其他企业。

20世纪80年代初期靠胆识，你敢于下海，努力去做，你就会成功。那时大家都一穷二白，我们文化程度比人家高一点，有点胆识，就能成功了。

80年代后期转产饲料靠什么？靠技术，我们研究乳猪饲料成功了，前期的积累加上技术，便水到渠成。

从1992年开始，我们向全国发展，建新厂建一个成一个。到了90年代中期，这时国内经济一片红火，这时的核心竞争力是生产规模，你能生产多少就能卖出去多少。这时销量好并不意味着你有什么了不起，只能证明你生产能力强。那时就是靠规模，不需要定性管理，不需要规范化管理。如果这时提出精细化管理，过早地进行定量管理，大家也不会接受。那时所谓的竞争都是表象的，那么大的利润空间有什么竞争呀？！

从1995年到1998年，情况发生了变化，生产者都要讨好用户了，这时的核心竞争力就是营销，但这还是浅层次的营销，广告做好了就能卖。

正因为这么好挣钱，大家都来了，民营企业来了，外资企业也来了，消费者便更加注重能够给自己带来什么。这时便出现了“标王”，但几年之后就倒下来了，因为广告是不能给消费者带来好处的。在成熟的市场上，广告并不起太大的作用，所以我不主张打太多广告。

1998年之后靠什么？就靠货真价实，靠成本。成本靠什么？靠效率。此时在推销上靠什么？广告已经不太起作用了，就只有靠到底能给养殖户能带来什么好处。这时我们的核心竞争力是什么？成本。成本是什么，成本就是你生产的产品到达消费者手里的一切费用，包括你的固定资产投资、宣传、管理、消耗等费用，甚至包括你的小车费、客餐费等。但更重要的一点是效率，效率是构成成本的主要因素。所以，我说成本和效率时，喜欢把成本与效率并称为“成本效率”。

生产资料并没有太多创新空间，创新可以增加经济效益，但不影响整个行业主导产品的地位。饲料也是如此，技术上并没有什么太大的创新，乳猪料就是乳猪料，乳猪料1∶1就是1∶1，你蛋鸡料2.4∶1就是2.4∶1，每年增长一点都是很缓慢的，因为生物是有极限的。

我们肉鸡40天可以长到2.5千克，料肉比1.8，并不表明你的技术高低，为什么呢？还得从成本效率角度去考核，你生产1.8的成本太高，对你不利，对农民不利，你可能就生产2.0或1.9的。所以，在技术和生产能力保证的情况下，效率就构成成本最关键的因素。为什么呢？固定资产1000万元的投入，流动资金500万元的投入，能生产多少卖多少，每吨分摊的费用你1000吨就跟2000吨不一样，1000吨的效率就只有2000吨的一半，如果同一万吨相比，效率就只有1/10。达到10000吨的公司，固定资产费用就可以忽略不计了。如果你只销售1000吨，固定资产就要分摊60元，人家生产10000吨的只向农民要10元，一比较，农民愿意买谁的呢？所以说效率至关重要。人力资源效率也是一样的，1000吨的工资含量要高很多，销售几百吨的饲料厂每吨产品分摊的费用就是400元，竞争最激烈时你要400元别人只要100元，成本太高农民就不会选我们了。几百吨、一千吨的工厂还能生存、盈利是不正常的。如果这样，哪里的市场竞争最激烈，我们就会在哪里被先淘汰。

大抓销售不是降价，降价不是办法。比如翻番，我利润不降，销量却翻了一番，成本就下降了，我们从成本节约中来增加利润，这就是翻番带来的好处。再退一步，我们初期利润率可以降一点，但总利润不降，是通过扩大销售来增加利润。最好是利润率不降，销量增加，绝不容许没有利润的无效销售。在成本管理上就是要小气一些，小气是对我们自己，而不是对客户，我们自己小气，就是为了对客户大气。我们要有老太婆的算账精神，一分一厘都要算，分品种算，分销量算，分消耗算。大手大脚，不算账，买什么都图方便，这是不行的。

从1996年开始，我们才算从定性管理转换到了定量管理。定性管理容易，从定性管理改成定量管理这一关是必须过的。我们以前是注重个人感觉，凭总经理个人的感觉、悟性和努力，我们现在要把它转变成整体的、科学的方法。1998年我们又提出了规范化管理，比规范化管理更深一层就是目标管理。

我们以前的成功是在特定条件下取得的

希望集团从无到有，不断发展壮大，特别是1989年进入饲料行业以来，我们都是一帆风顺的。1992年我们发展集团公司，几乎没有受到什么挫折。1995年东方希望、南方希望分开后，我们迅速发展，无论是工厂数量还是利税，几乎是每年翻一番。这一切都容易使我们的员工、干部和我本人产生骄傲自满情绪，认为我们能够应付市场，我们没有什么太大的危机，东方希望不会倒闭，我认为这才是真正的危机。可能新来的人不知道，我们以前管理的粗放程度大家可能难以置信。

现在大家想成功不容易了，这条路走不通了。现在我们要生产出比竞争对手更有利的、更赚钱的东西，再用科学方法介绍给客户，我们只能走这条路，容不得半点浮躁。

科学方法是什么？就是我们的组织手段，我们的市场分析。就是要用数据，用量化分析的方法找到进攻点，找到市场空白点。我们必须用这个武装我们的头脑，不能再用游击队的方式了。不打破禁锢就找不到好办法，不学习新的东西就找不到好办法。为什么呢？我们赖以生存的基础不存在了。我们以前进入华东地区，进军全国，都是从打广告开始，因为当时大家都没有做，我们做了。现在消费者聪明了，如果成本高得不得了，我们就死定了。

1998年我们取得了有史以来的最好成绩，销量大增，利税大增。也是这一年，我们犯了错误，1999年惯性运行，销量差不多，利润大幅下降，如果2000年再不采取措施就晚了。

我们以前的成功是在特定条件下取得的，是在从计划经济向市场经济转化中取得的。我们进入饲料行业，由于竞争对手不屑与我们竞争，所以我们取得了成功。

希望集团走的一直是艰苦奋斗之路

希望集团走的一直是一条艰苦奋斗之路，因为我们的产品决定了我们所走的道路必须这样，我们的产品是生产资料，是农民用来养鸡养猪的饲料。生产资料跟其他产品不同，我们要让产品有很高的性价比，我们的目标就是要帮助农民多赚钱。

我是1977年参加高考的，当时我填的第一志愿是清华大学，没有录取，最后补录到了成都师专。我是在高中毕业12年后参加高考的，我在我们县1800多人里面考了理科第一名，但结果没考上，这可能还是好事。回想起来，如果到了清华大学，作为一个工程师，我可能就没有机会创业了，所以说坏事有时可能会变成好事，促使我们走出应该走的一条道路来。

1989年开始兴建饲料厂时，我们就先建了一个希望科学技术研究所。研究所主要从事两个方面的研究，一是饲料产品方面的开发研究，二是电子领域方面的研究。电子领域的研究集中在我大哥那里，1992年之后我就没有参与了，我就集中精力搞饲料开发的研究了。希望饲料的核心技术是我和我三弟陈育新共同研制开发出来的，所以，我们既是技术研究者，也是企业经营者，这方面是结合在一起的。同时，我们聘请了很多专家学者在集团内部，比如四川省养猪研究所所长就是我的技术部长，他们在做具体工作，我在做比较宏观的研究。因为我们现在还局限在比较小的领域里，我们聘请了许多专家、学者作为我们的顾问，随时来讨论工作，但专职的发展咨询、战略研究还没有做。我想，随着涉及领域的扩大，随着企业发展的规范化，我们将会建立这样的机构。

科技型企业家往往是把自己开发的产品进行产业化，我们就是这样。如果当时不在技术上取得突破，我们不可能有今天。但当产品进入市场之后，这时除了科技要保持领先之外，更重要的就是经营管理，产品要与市场营销结合起来，如果没有在这方面下功夫的话，就缺少后劲。因为你的产品推出之后，会有很多人追赶，之前你可以垄断，可以卖高价，但人家赶上来就意味着竞争，拼的就是管理、成本和市场营销，拼的就是给老百姓能带来什么好处。

1982年，我们用1000元到农村去创业。开始我们搞过电子产品，因为我们都喜欢搞，后来没搞成。城市里面没有条件，我们就到了农村。到了农村，你1000元钱能做什么？就从孵鸡养鹌鹑开始，慢慢发展。当时贷款是贷不出来的，我记得搞了一年多时，我们申请了很多次，农行批给了1300元的贷款给我们。这看起来是坏事，但却在逼着我们向市场要钱，向市场提供产品，这样反而锻炼了我们。

我们是怎么走过这条道路的呢？现在总结下来，就是在市场经济的竞争机制下，我们找到了自己的相对优势，并把这个优势不断扩大，这成了我们战胜竞争对手的有力武器。

当初下海创业我们有什么优势呢？好像什么优势都没有，但现在看来原来的劣势就是我们的优势：贷不出来款，就逼着我们走向市场，现在用不着贷款了，银行反而求我们贷款。当时谁也瞧不起养殖业，我们对农村很熟悉，对农民的需求很熟悉，这也是我们的优势呀。还有就是1982年那个时候，下海创业的大学生很少，农村没有私营企业，只有个体户。那时的个体户是什么概念呢？大部分是无业人员。这时下海，我们就要突出一点，因为相对来说我们有文化、有技术，这就是我们的优势。所以，我们就从养鹌鹑开始逐步发展起来了。在成都，当时鹌鹑蛋是三毛钱一个，我们养了之后逐渐降到二毛、一毛二。接下来我们就把它搞成规模生产了，我们花一年时间把技术搞过关，然后动员农民来养。他们不敢养，怕养不活，怕没有市场，我们再怎么说他们都不愿养，最后我们怎么办？我们迂回县城。我找同学，这个养20只，那个养50只，结果他们都养成功了。鹌鹑蛋的成本是一个蛋一分多钱，那时收入很少，养几十只自己吃一半，把另一半卖掉，还有一点盈利。这时，我就把农民请来，让他们帮助销售鹌鹑蛋，在这个过程中，他们知道可以养，就逐渐养起来了。一直到1986年，新津一个县一下子就养了1000万只，成了全世界最大的鹌鹑生产基地。鹌鹑是一个非常小的商品，我们就通过这个积累了原始资本。一直到1989年，我们把技术全部交给了农民，农民比我们养得还好了。我们发觉我们在鹌鹑养殖业上没有什么优势了，就果断放弃了鹌鹑养殖，开始专心搞饲料了。到了1991年，在邓小平“南方谈话”发表以前，我们已经发展成为一个年产10万吨以上的饲料厂，每年有几千万元的利润。这时我就在考虑，外资企业可以在中国办连锁企业，我们能不能也走这条路，把工厂办到全国去？

接下来一直到1995年，我们办了27家工厂，我们的网络遍布全国。1995年以后，我和我四弟明确了产权，我主要利用希望品牌在北京、上海、华东、中原、东北发展，我弟弟在华南、西南、西北发展。

我们取得的这些成绩，我认为是抓住了几个机遇，一个是我们下海时间早，在大家不愿意做的领域里边扎扎实实地做，取得了优势。第二个是我们在计划经济与市场经济的空档之中，率先走向了市场。我们去投资的话，一定不是看现在的价格是多少，原料成本能盈利多少，我们要看最强竞争对手的生产成本是多少，我们能不能找到优势，找不到优势就不做，找到优势就把这个优势扩大。我们首先考虑的就是在市场最竞争最激烈时能不能顶得住。

希望集团的发展，靠的就是价值观取胜。大家认为不可能的事情，我们做到了。我们从一开始就没有随大流：1982年，我们打破传统观念，大学毕业到农村，与被大家瞧不起的人一起创业；1983年，我们就突破了私营企业雇工不得超过8人的规定；1989年，我们研究和生产出高档乳猪料，打破了国人的思想桎梏；1991年，我们打破地理界限，开始向全国发展；1995年，我们快刀斩乱麻，分为东方希望和南方希望，分头发展。实际上，以后的超常规发展也是如此。我们从市场差异中寻找机会，美好火腿肠也是一个例子。当低质火腿肠市场发展不通后，我们推出了高档火腿肠，我们的批发价比其他产品高出一倍，但大家的零售价都差不多，老百姓当然愿意买我们的产品，我们的产品因此占领了成都70%~80%的市场。

我们是这样进入上海的

在刚开始生产饲料时，也就是1989年、1990年，我们就想进入上海。上海才是检验我们实力的地方，因为上海有中国现代饲料工业的典范，80年代中国第一家现代化饲料厂就在上海。我们在四川跟外资企业竞争，毕竟是个小地方，不能代表全局。如果在上海能取得相对优势，我们就赢得了生存权。因此，1990、1991、1992年，我们多次派人去上海考察，回来后都说上海很困难，因为上海直到1993年养殖场都是国有的。我们没有放弃，一方面陆续在重庆、河南、昆明、绵阳办厂，一方面在积极等待机会。

1993年元月，我们正式到了上海，进行实质性谈判。我们到了一个我认为最好的县，县长不欢迎，他说我听说过四川那个希望集团，但你们到上海干什么？他问我们投资多少，我们说550万元。他说你知道大江吗，它投资8个亿，我们说知道。他问你们知道上海有多少饲料厂吗，我们说共有180多家，并且只有1/5盈利。但他不相信我们，他建议我们到苏北去。后来我们到了嘉定，人家也瞧不起我们。我们后来又到了一个养猪场，这个镇的党委书记问我们是不是四川那个希望集团，他说我们找了两年了，我们在一个内参上看见你们的报道，很了不起。我们这里有个小饲料厂办不起来，你们拿去吧，结果我们一谈就谈成功了。我们用550万元占55%的股份，还有我们的技术、管理占25%的股份，镇政府的这个小饲料厂占20%的股份。一月份签协议，三月份产品出来了，但几个月销不掉，人家不相信我们，四川人是打工仔形象，当老板还没有听说过。到了6月份，总经理给我打电话，一直打到天亮，主要意思是要求回四川，最后我说，根本问题就是我们能不能帮助农民赚钱，我问他相信不相信这一点，他说农民用了肯定赚钱。我说如果他们不相信，我们白送给他们。你能送出去吗，他说能行，那我就说你先给他们送10万元饲料出去，一分钱不要，而且包赔。他说送饲料谁都行，能不能打开市场是另一个问题。我坚信这一点，这是生产资料，只要能给客户提供更高的性价比，肯定我们能成功。结果送了10万元的饲料出去，非常轻松地就送了出去。三个月后，送出去的10万元饲料还收回了7万元，因为我们的总经理舍不得把10万元饲料送出去，都跟农民达成口头协议，这个饲料送给你用，如果不好就不出钱，如果出了问题就包赔，如果好你就用我们的饲料，农民看我们很诚恳就用了。三个月后，7万元收回了，有3万元没有收回。怎么回事呢？浙江平湖有个养猪场，那个阶段的猪大约是30~90千克，人家签的协议是2.8，我们销售员不大懂，就签了2.6，三个月后一算是2.85，怎么办？那个农民说，我们不要你赔了，但根据协议，这个钱你不要想拿回去了。总经理就打电话给我，我说我叫你送10万元的饲料出去，你收回了7万元，这个非常好，这3万元就不要了。结果我们就跟对方签了个协议，就是作为赠送，不作为赔偿，这个养猪场很高兴，他说你们的饲料非常好，当时我们就准备签2.8或2.85，但你们同意签2.6，这表明你们是心中有数的。我告诉你们，你们的饲料效果最好，而且价格还要便宜一些，所以，我一定要成为你们的客户，而且还要推销你们的饲料。就这样，我们获得了初步的成功。

无锡有八家饲料厂，都比较大，我们是怎么销售出去的呢？这中间有个过程，无锡有个粮管所，他们有两个人专门经销饲料，而且销量比较大。有一天，他们开车到大江去拉饲料，突然在门口看见一条标语：“质量一致，增创八亿，迎接挑战！”这两个人很聪明，他们想，大江是上海最大的饲料厂，他们要迎接谁的挑战呢？他们去问大江饲料厂的经理，大江的经理说希望集团来了。他们早就听说希望集团在上海发展得比较好，但没有去看过，他们想既然正大都那么重视，我们为什么不去看看呢！他们就把车开过来了，现钱现货就买了20吨，拿回去一销售，效果非常好，他第二个月又买了200吨，第三个月他要我们一个月供应5000吨，吓了我们一跳，因为当时我们只能生产5000吨，但我们还是挤出计划供给他2000吨，拿回去就把他们这个乡几乎所有饲料都挤出去了。后来，当地8家饲料厂都来参观，希望与我们合作，我们最后选择了一家乡镇企业进行合资，就是无锡希望。1994年，来买饲料的船需要水上警察来维持秩序，船队排了几公里，要28天才能拿到饲料。

原来我们不准备在浦东建厂，为什么呢？因为浦东工业比较发达，运输也不方便，但当地粮食局饲料厂希望与我们合作，我们经过判断，进行了合作，经营效果非常好，三年赚回了三个厂。

之后，我们又陆续在华东兴建了十几家工厂。这说明，在生产资料领域，只要是货真价实的，只要能为顾客创造比较高的价值，你就能占领市场。

我们一直在悄悄地做，但由于本身具有价值，所以《文汇报》作了一个报道，《解放日报》《新民晚报》纷纷跟进，接下来上海电视台也进行了采访，播出后市民非常热烈，他们又做了一个25分钟的专访，反响更加热烈。市民关注什么呢？第一个就是从当初的1000多吨发展到14000吨，我们盈利2000多万元，却只投资了550万元。上海市民还关心什么呢？就是上海是中国最大的商业都会，但当时上海却没有大型私营企业，四川人到上海办了这样大的企业，自然引起了上海市民的关注。当时上海市民，尤其是私营企业家纷纷打电话要求重播，结果又重播了两次，结果我们没有花一分钱广告费便家喻户晓了。我们就这样在上海站稳了脚跟，接下来我们就开始向全国各地发展了。

到1994年，我们的产品在重庆、武汉也排起了长队，而且场面更火爆。我们的价格较低，就始终以这样的价格进行销售，因为有利润，我们已经很知足了，但到了后来，交警维持秩序都维持不下来了，我们发的号都成了倒卖品，没有办法，我们只能用价格杠杆来调节，就开始慢慢提价，一直提到我们能够控制市场为准。这时我们获取了很高的利润，有时高达20%甚至30%。我主张合理价位、合理利润，但企业发展到一定时候，有的利润你不要还不行。

1994年底，我们总结了在上海的经验，又开始进军北京，先后兴建了房山希望和北京美好。

让企业的业绩成为政府的政绩

我只想做完全按照市场规律来的事情，不想做那些需要幕后公关的事情。当然，做企业，良好的社会关系非常重要，但基础是你的企业要非常优秀。说得不好听些，就是搞腐败的官员，除了腐败他还是要政绩的。

1988年，我们县有个干部告诉我，说一位领导在大会上介绍我时说："多次到希望集团，那个刘老二（即刘永行）苟（四川方言，意指吝啬）得很！我带了那么多人，去了那么多次，没有吃过他一顿饭，抽过他一支烟！"这位干部很为我们担心。后来我们发展起来了，成了当地的样板企业，那位领导还是经常带各级官员来参观。有时我们不在，他还反客为主，亲自介绍我们的成就，给了我们很大的支持。这时我才理解到，他是真心帮助我们发展，我们的发展就是他的政绩。

1995年，深州市政府千方百计要我们去当地办厂，又是划地，又是贷款，给了我们许多优惠政策。工厂建起来后一时亏损，当地就有人开始讲了，希望集团不过如此，甚至还怀疑市领导是不是得了我们的好处，这给当地政府带来了很大的压力。如果不尽快扭转局面，就是当地政府想给我们提供优惠政策也不敢了。意识到问题的严重性后，我们花大力气改组了公司领导班子，很快使这个公司扭亏为盈，不到一年就把700万元贷款还掉了，第二年又盈利了1000多万元。这时市委书记也好说话了，各方面也敢大力支持我们了。

我们1994年进入北京，我们在小红门的工厂是村上的合资企业，当地的政府官员根本不理睬我们。我们在房山的工厂是跟粮食局合资的。我们的总经理说，在其他地方，董事长去了都是省委书记、省长出来接见，但在北京连区长都见不了，见乡长还要预约。我说没有关系，我们不要去搞这些虚的东西，企业做好了本身就有新闻价值。现在不一样了，房山希望和北京美好的效益名列所在区第一名，情况就完全不同了。

跟当地政府搞好关系不是去送礼，不是去拉关系，而是要把我们的企业办成当地的样板，办成当地最高负责人出政绩的地方。我们要业绩，政府官员要政绩，这样的话，他们就敢支持我们， 也没有后顾之忧。很多人问我，不少政府官员很贪婪，你们怎么处理这些事呀？我说就是用我们的业绩作为当地政府的政绩，我这种看法不知道对不对。不管多腐败的官员，他都需要政绩，如果你的企业能够成为当地最高领导人出政绩的地方，他就会全力保护你。说句不好听的话，真正要腐败的话，他也用不着找我们。我们只有把企业做好，才说得起话。但这样做很苦，要实实在在地去做事。

民营企业同当地政府官员拉私人关系是短期行为。企业家的着眼点应该是如何把企业培育成优秀企业，因为任何地区的政府领导都要发展经济，将企业的业绩变为地方政府领导的政绩，这才是企业的长远策略。我认为这比花钱来维持关系强得多，而且更正气。自己说话不虚，当地政府大胆支持你也不虚，因为大家都做得正，共同目标都是为当地经济发展。这是我们同当地政府搞好关系的一个经验，也是我们的独特优势。

他们是“饱狮子”

希望集团成功是外资企业避免竞争造成的，而希望集团的发展又给民族饲料业以极大的鼓舞。外资企业投资规模大、管理人员多、费用开支大，他们的优势在于人员素质高，我们的优势在于投资省、员工吃苦耐劳、费用开支少。

当初外资企业没有把我们看在眼里，因为我们的规模小，他们用不着与我们正面冲突，所以给我们留下了生存空间。当时国有企业不敢竞争，他们放弃了。我们刚进入上海时，要经过一番拼搏的思想充满了头脑，向全国发展的信心在鼓舞着我们拼搏。

在自然界，如果你是一只饿狮子，人走过去，它就会一口把人咬死。但当时外资企业是"饱狮子"，他们吃得太饱了，根本不愿意与我们竞争，国有企业也不愿意竞争。当时我们"初生牛犊不怕虎"，我们投资少、成本低，竞争力比较强。新闻界的报道又免去了我们的广告费。当时花1万元广告就能像现在花100万元一样，当时上海希望只用了十几万元就把整个上海城乡全部做好了，让大家都认识了希望饲料，我们就成了华东行业第二强。这个成功靠什么？靠胆识，靠积累的资金，靠在四川的经验，靠很适合当时的技术。

大家知道，外资企业在中国投资了几百个企业，其中有饲料企业100多家，在全国所有地方与我们"结伴竞争"，在互相竞争中给老百姓带来了很大的好处，价格一下就下来了，这个时候就要比质量，比生产经营。

1994年，中国饲料协会进行评比，我们被评为饲料行业百强第一，但这里我要申明一点，实际上第一还是外资企业，因为当时评比口径不一样，我们是统一注册的，是一个商标，我们占了评比的口径优势被评为第一，但实际上我们是第二。中国饲料工业能够发展到今天，不能不说外资企业有功劳，因为是他们首先引进了这样的高科技产品，引进了市场观念，他们在前面带路，我们在后面跟进。

我公开承认外资企业是我们的老师，我们要把他们好的地方学过来为我所用。在学习异质文化的同时，要注意不能将其错误的东西学到手，不能学习他们在人事上、财务上、投资上的大手大脚，他们自己想丢掉都很困难。但是，他们的品质管理值得我们学习。

“金豆”是这样诞生的

我们在河北深州兴建了一个金豆公司，这是希望集团第一个非希望品牌。我们原来是不准备兴建这个公司的，但最后建成了，其中有一个非常有趣的故事。

1995年初，我们在石家庄签约兴建石家庄希望，但对方办证速度比较慢，花了几个月时间也没有办下来。这时，离石家庄120公里的深州市委书记听说后，就到处看我们的公司，看了几个之后，他觉得一定要引进希望集团，所以，先后四次到四川邀请我们去办厂。我说深州离石家庄太近，我们不能去，没想到这位书记并没有灰心。一次我去石家庄，恰好被这个市委书记“逮了个正着”，盛情难却，我只好答应去深州看看。一到那里，这个市委书记就说给我安排了一场座谈会，谁知一进会场，600多人的大会堂坐满了人。在此之前，我还没有在这么多人面前演讲过。没想到最后效果还挺好，大家反应挺热烈。演讲结束后，书记趁热打铁，说你看我们全市人民都欢迎你，我们全市股长以上的干部都来了，你能忍心让大家失望吗？我说，石家庄已经投资了，他说石家庄你建不建我不管，但你一定要来我这里。我说我们与石家庄当地政府签了协议，必须说话算数，现在虽然手续没有办好，但相信会办下来的，这个120公里我一定不能建。他问为什么，我说相同品牌要相互打架。他说，你换一个品牌不就行了？宝洁公司不是有那么多品牌吗？我有点心动了。我又摆出了很多问题，他一一为我想出了解决方案，并提出了非常优惠的政策。1995年东方希望与南方希望分开后，我们一下子发展了十几个公司，数量翻了一番。我说我没有预算，他说没有关系，我来找银行给你贷款。当时已经是10月18号了，北方的封冻期马上就要到了，我说还是明年再说吧，其实我还是想推掉。谁知道这个书记马上接口，说这个好办，我本人就搞过基建，他说现在离封冻期还有45天，只要你签协议，把图纸交给我，我保证在封冻之前把工厂建好。工厂如期建成后，竣工剪彩我不敢去，为什么呢？我知道会出问题，因为我们当时人才跟不上。当时我们从13个厂一下子发展到27个，我知道我们没那么多合格的经理，首先是总经理。当时我们临时从上海调了一个副总经理去主持工作，因为他不理解希望集团的经营模式，不知道该怎样运行。当时上海效益很好，他大手大脚惯了，结果前五个月都在亏损，因为换了品牌，别人不认可，管理又不到位，浪费很大，销售做不起来，走的人很多，大家认为这个公司没有多少希望了。果然社会舆论来了：希望集团原来不过如此，他们是不是在骗钱哦？我们贷款是不是收不回来了？我们必须想办法扭转这个局面，抑制恶性循环。我从生产工人中提拔了一个16岁就跟我们的员工当总经理。他很年轻，但对希望集团很了解。同时，我招聘了一个比较有经验的人去当副总经理，我就用这样的人才组合创立相对优势，把我们的经营模式、经营理念、经营方法带过去。到了年底，我们不但盈利了，还把700万元赚回来如期还了贷款，一下阻止了这种恶性循环。我们这家公司1996年成了深州市和衡水地区最好的公司，这个16岁就跟着我的总经理还被评为深州市和衡水地区的优秀企业家，他们同时提出“外学邯钢，内学金豆”的口号，全市组织整个工商企业到我们公司参观学习，无形中增加了我们的无形资产。

就这样，东方希望第一个新品牌，也是希望集团第一个非“希望”品牌——“金豆”诞生了，这是一个逼出来的工厂。

她是想在重大决策时听听我们的想法

东方希望多元化投资的一个重要组成部分是乳业。一度我们还考虑把乳业纳入自己的主业中来，因为乳业也是大农业的一部分。最早的机会是在1999年我们到上海以后。到上海以后，上海的媒体对我们做了一些报道，光明乳业总经理王佳芬对我们的发展很感兴趣，我在四川时也听说过光明乳业的情况，对国有企业能做到这样一个程度也很钦佩。但真正的见面还是需要机会。就在这一年的下半年，民生银行浦东分行行长邀请我和王佳芬一起吃饭。席间我们聊了起来，一聊之下发现彼此非常投机，在管理理念上有很多相似之处。不久，王佳芬专门来东方希望寻找合作的机会。

机会说来就来，到当年9月，光明乳业因为要在上海交易所上市，必须进行股份制改造，而股份制改造有一条，就是要有五个以上的股东，光明乳业一直只有上海牛奶公司和上海实业总公司两个股东，所以需要补上三个小股东。

光明乳业的股份是比较好的，所以也热门，当时已经谈定了两个增补股东，一个是上海国有资产管理局，一个是上海大众汽车制造厂。在决定第三家公司时，王佳芬一定要把东方希望加进来。她倒不是冲着我们的资金来的，因为光明乳业本身效益非常好，她不仅要吸收股东的资金，更重要的是吸收好的想法。一定要把我们吸收进去，她是想在重大决策时听听我们的想法。

与光明乳业的投资谈判比我们在其他几个项目上的谈判要顺利得多，我们最后从上海牛奶公司手里接下了5%的股份。

资本经营要以产品经营为载体

资本经营要附属在产品优势之上，你没有跟产品结合，你就是空炒空卖。一卖了之的企业很多，都要卖给你，很便宜，买下来就是包袱。

多元化经营，资本经营，既有诱人的前景，弄不好也是可怕的陷阱。1991年底我们四弟兄讨论，当时我提出的是“变企业经营为经营企业”，其中就包含了资本经营。从1992年开始，我们自己建一些新工厂，同时兼并了一些厂，将我们的产品、品牌、管理、资金注入进去，把这些工厂救活了。20世纪90年代初，我们的大部分工厂是兼并来的。

从当年1000元起家开始，我们一直坚持老老实实做人、扎扎实实做事，与国内很多一夜成名的民营企业不同，希望集团无论是艰苦创业阶段还是迅速成长阶段，我们从来没有挖空心思去钻政策的空子，那些靠寻租手段发展起来的企业会存在很多问题。

这些年我们靠成功的经营管理和良好的商誉取得了发展，我们做资本经营都是紧紧围绕主业，是建立在产品经营基础上的，绝不是急功近利的炒作买卖，低成本进入和与合作伙伴共同成长是我们一直坚持的原则。

资本经营是现代企业发展不可或缺的战略之一，但纯粹的资本经营自身并不能创造新的社会财富，只是社会财富的转移。通过资本经营降低运营成本，分散投资风险，从而形成产品、品牌和商誉的优势，持续提高企业的核心能力，这才是资本运营的根本目的。有些企业为资本经营而资本经营，甚至本末倒置，忽略了最基本的产品经营与管理，指望从企业炒作中谋取超额利润，这显然是一种寻租行为，是非常危险的。对抗风险能力不强的民营企业来说，这无疑是一种危险的赌博。当投资银行和资本经营形成风潮时，我们将更加慎重务实。当大多数人头脑发热时，我们一定要保持冷静。

有些企业盲目追求上市，上市以后问题会很多。对那些已经颇具规模的民营企业来说，我认为盲目上市是一种无形资产的提前透支，无形资产的超量使用对企业的伤害是致命的，国内外有很多这样的例子。

对资本经营我们不会放弃，但我们仍将紧紧围绕自己的主业做文章，这是我们事业的基础。我们企业规模越来越大，我们在未来发展过程中仍会遇到许多新问题。我们一定要有危机感，我们的管理仍然处于浅层次的、比较粗放的和定性的管理层面，仍然未能接触到企业管理的深层次问题，与国内外先进企业相比，我们还有很大很大的差距。

目标管理是实现企业经营目标的捷径

目标管理是实现企业经营目标的捷径。我是承认捷径的，但捷径又不是那么好走的。我们做企业就是要用最佳的稀缺经济资源，以满足社会无限增长的需求。归根到底，就是要追求利润的增长和技术的创新，这就是企业经营的最终目标。追求利润是企业的目标，技术创新是手段，同时也是对社会的一种贡献。

目标管理就是要用系统化的方式将庞大而复杂的任务，整理成有规律可循的具体可控的管理活动，就是要找出其规律性，把它具体成一个一个问题；就是要用科学方法找出问题，然后研究方法，找出着力点。企业目标是什么——发展，创造利润，为社会提供产品，帮助客户实现价值。那么，个人目标呢？对普通员工来说是追求比较高的生活保障，对干部来说是要在实现企业目标的过程中提高自己解决问题的能力。我们一定不要刻意去追求个人的工资、待遇和职务，它会随着你的贡献随之而来。对工人来说追求高一点的收入是非常自然的事情，比如计件工人就是通过多劳动来挣钱，但如果我们的干部把着眼点放在工资、待遇和职务上面，你反而得不到。那样你就会烦躁，就会着急，就没有耐心和毅力，最后你将一无所获。

目标是一环套一环的，分公司是集团的子目标，但分公司的目标就是分公司的总目标，分公司就要一步一步分解下去，分给各部门，各部门还要分得更细，比如销售部要分到每个销售员，分到每个品种，分到每个客户，分到每月，甚至分到每天，这样分下去，目标责任就明确了，下一步就是实施目标。是不是这样就完了呢？没有，还需要反馈，每做一步都要有反馈，目标没有达到需要追补，甚至是修改目标，然后再进行循环。

总部的计划下给分公司，一定要总经理参与，你参与了就要承担责任，你说完不成要讲清道理 。下属明确了他的权限、任务，什么东西可以得到支持，一定要让他明白，这是一个很大的激励。管理的成功不是管理的过程，而是管理的结果。

中国饲料企业将只能剩下1200家上下

中国是全世界最后一个最大、最好的市场，我们不努力就会被别人挤垮，因为中国这个市场容不下10000多家饲料厂，必须淘汰百分之八九十才能形成规模效益。

美国是成熟的市场经济了，他们只剩下50多家饲料厂，中国还有六七千家，这表明中国饲料工业还处在乱世出英雄的时代，还处在比较好的盈利状态。据估计，十年以后，中国饲料企业将只能剩下1200家上下，这是必然趋势。韩国销售1000万吨的饲料企业大多数是20万吨上下的厂，规模太小不能生存。在广东，销售20万吨以上的有7~9个，10万吨以上的大约也是20来家，小规模的饲料厂多数已经被淘汰。饲料厂的规模化、集约化已经是必然的趋势。我们从众多私营企业中脱颖而出，不是由于市场好、条件好，而是由于我们不随大流，采取了应该采取的措施，在逆境中奋进，在别人认为不可能时做出了成绩。我们看看，市场疲软时我们应该怎么做？市场疲软时我们放弃对绝对值的追求，去追求相对份额，比如占有率能否由5%上升为8%？这跟游泳一样，你顺着水游得快不能说明你好，你逆水而游得快才能说明你的优秀。所以，在市场疲软时我们要多找主观原因，而不要一味抱怨市场。我们不能改变市场趋势，我们能够改变的只有我们自己。

饲料行业运输远利润就丢掉了，它适合于中等规模生产，适合于10万吨、20万吨的规模，但太小了也没有效益。如果不能比较快地形成规模效益，不能形成产品优势、管理优势、技术优势，不能降低生产成本，我们就会被人家挤垮。所以，我们一定要强起来，这个强是在各个方面，技术上、管理上、生产上、经营上、市场上、决策上、意识上，哪一项不行都要垮掉。同样的工厂，外资企业的投资是我们的10倍，这是其致命弱点。要生存下去我们必须走增收节支、降低费用、提高效率之路，走降低成本之路。出现生产瓶颈是盲目增加人、增加设备还是改进工作、提高效率，要想清楚。比如，630变压器在每天工作20小时的情况下，按80%的有效效率，完全可以生产1万吨。高压锅36A应该在50A跳闸，我们是否检查过低压开关。还有一条就是要有积累，资金积累起来很难，亏损起来很快。

市场竞争就像生物进化一样弱肉强食，你弱了就要被淘汰，就像荒原上的羊，狼来了强健的就跑掉了，体力差的就被狼吃掉了。这看起来非常残酷，但又非常合理，如果不是这样，羊的后代就会越来越差。正因为有狼存在，羊才会跑得越来越快。市场竞争就是这样，外资企业进入中国就是帮助中国淘汰弱者。反过来，我们强大起来了，我们也要淘汰外资企业中的弱者，最终都是强者生存下来。只有面对强手，你才能学到好东西。

生命力强的企业都充满危机感。我们所处的是一个竞争时代，你必须更强更大更好，才不会被别人挤垮。只要有市场就会有竞争，只要是需方主宰的市场，这种竞争就会非常激烈。

世界上很多饲料厂都非常大，韩国的都是20万吨的厂，正大集团在越南有35万吨的厂，中国如果出现这样的厂，将会关掉一大批小厂。目前华北地区3000吨/月的厂还能生存，以后就不行了，我们现在8000吨的厂要努力上万吨。根据我和一些专家的预测，中国现在的饲料厂将倒闭八九成，月销量在3000吨以下的饲料厂必定倒闭。

力图改变，否则就太迟了

康乾盛世是清朝的辉煌时期，但之后满族人的老家便荒芜了，黑龙江以北被俄罗斯霸占了，之后整个东北被日本抢走了，甚至日俄战争居然是在中国进行的！而同一时期，欧洲开始了文艺复兴、科技革命、议会民主，最终出现了工业革命；日本比中国落后，但明治天皇不惜发动政变来改学西方。此时此刻，清朝皇帝却闭关锁国，不愿去学习别人，最终导致衰败亡国。

现在东方希望饲料板块就是康乾盛世。我们以前做饲料很辉煌，培养了大量干部，也从里面总结出了一系列管理模式，并且用这种管理模式培养出来的人才进入完全陌生的、行业风险巨大的甚至贷不了款的重工业，居然成功了。饲料已经完成了对重工业的哺育，到今天，自己却面临着巨大的变革。恰恰是这个时候，重工业已经形成规模，成绩非常突出，融资能力特别强，也开始在培养人才了，东方希望集团饲料板块将何去何从呢？

不管曾经做得多么辉煌，不变革绝对没有出路。要么被别人收购，上市过后逐步被稀释；要么慢慢亏损，直到灭亡。我们要意识到这个问题，我们过去那种模式不行了。

在韦尔奇所抱持的理念中，位居第一的就是：力图改变，否则就太迟了！赢家制胜的关键在于能够正确评估对手的优势在哪里。企业家精神首先来自你的基因，这是祖先留给我们的，每个人都有无限的潜能，我们不知道自己有多大的潜能，需要在实践中来发现。其次是避免自身失误及更大的失误，曾经犯过的错误就不要再犯。

我们创业时的想法很简单，就是不要那么穷。1000元创业，一做做了几十年，前二十年没有贷过款。后来为什么转型到重化工？就是感觉自己能够做、适合做。这个起因是1992年我们建第一个分公司时，我跟我弟弟刘永好一起到美国考察了一个多月，就做了两件事情：第一个看的是饲料厂，十个只有七个活下来了，原因是工资的增长、劳动效率的提高；第二个是看美国的匹兹堡，世界的钢都，那时那里已经一片萧条了。为什么会产业转移？产业转移的根源是什么？我想是工资的增长和市场的需求。他们说，十年之后这些产业肯定要转移到中国。我心想，既然要转移到中国，既然中国改革开放不可逆转，原材料行业一定会有突飞猛进的发展，所以我就觉得我们可以做，当时我也不能说服几位兄弟。老实说，当时我也不知道该怎么做，但就是有一种使命感。后来我不惜提出分家，自己来承担责任。分家后还是不知道该怎么做，分家之后一直过了七年，我积累了20亿元，把总部搬到了上海。当初我最想做的钢铁不能做、电力不能做、矿山不能做，最后一个偶然的机会，我们与山东一家企业做了一个中型的电解铝厂，就顺着这个机会做起来了。

韦尔奇说，要想成为赢家，企业领导人必须在每日起床时视当天为新年的开始，也就是每天都是一月一日。他说，每天都要做好万全准备，满怀热情地重新出发！

1997年我们提出精细化管理，有些人不理解。实行精细化管理，这就是改变。饲料行业早就加入国际竞争了。面临跨国公司，如果我们不抢占制高点，就不能赢得竞争。将分公司布满全国，现在已经完成。第二步，我们要把分公司都办成大公司，否则将被淘汰。

1998年我们取得了有史以来的最好成绩，销量大增，利税大增。但我们1998年也犯了很大的错误，我们推进新的改革。1999年惯性运行，销量差不多，但利润大幅度下降，如果2000年再不采取措施就晚了。

有人问我希望集团的管理是什么模式，我说是开放的学习模式，向外资学一些，向国有企业学一些，向个体户学一些，我们再自己创造一些，从而形成了自己独特的企业文化。我们学习经验要像八路军，要把日本兵和国民党兵的武器都拿过来。我们学国有企业、外资企业好的一面，也学个体户的精打细算，再加上自己的创造，这就是“希望模式”。我们既学习外部的经验，也总结内部的经验，都要拿过来用。

这样的企业怎么赚钱

政府不要当投资者，要当收税人，当咨询人，当裁判。政府既当运动员，又当裁判，是很难搞好的。政府投资主体是谁？谁代表国家？这个概念不清楚。政府办企业，领导人往往对具体行业不清楚，他就说要最先进的，这个是致命的。由于有了这句话，执行者就会按照书记、市长的意见办，其投资可行性报告便可能是假的。这样，从投资主体就出了问题，经营者想把投资搞大，因为投资越大我的地位就越高，我的办公楼就越漂亮，我的汽车就越高级。这样来考虑的话，受害的是谁呀？是国家，是银行，因为决策者不对失败承担责任，执行者也可以不对失误承担责任。

比如国家投资的五大化肥厂，每个投资35亿元。35个亿是个什么概念？折旧费3亿多元，资金利息是6亿多元，不要说原材料，不要说电力，不要说工资，光这两项每吨成本就达1200元，而现在尿素只卖1100多元，这样的企业怎么赚钱？

有记者问我对广东聚乙烯项目的看法，我说作为一个企业，80亿元你算一下一年的折旧和利息是多少，这又意味着每吨聚乙烯的价格是多少，是10000多元，而现在市场价格又是多少呢？只有5000多元。所以，这个项目把优势变成了劣势。这样的企业谁都救不活，要救活只能把债务全部砍掉。

与之相反，鲁西有一个乡镇企业，他们将小化肥厂扩建到30万吨，去年盈利1亿多元。为什么呢？因为他成本低。现在从俄罗斯进口的化肥非常畅销，因为价格低。日本化肥现在慢慢退出中国市场了，因为价格过不了关。

一个项目，日本人用16个亿能搞成，我们用56个亿，如果我来做的话，我要想能不能用8个亿搞成，让我的固定费用，让我的折旧费用，让我的财务费，都降到能够与最强者进行竞争的程度。

企业转型要一千遍地问自己、问别人

一个企业要做战略转型，如果其领导人不提前五年思考的话，那是很危险的。它需要一千地遍问自己、问别人，一千遍地拿数据说话，然后你再干。因为战略转型是企业最大的创新，不能贸然行动。不是说每个企业都可以做第二主业，如果头一个产业刚刚进去就想做第二主业，一定是主次不清。第二，你必须有资金、观念、人才以及技术上的积累，没有条件一做就会失败。需要特别注意的是，你当然应当多问别人，但你一定要独立思考。咨询公司什么都知道，他们说的都是八九不离十，但如果要成功的话，你必须有自己独到的见解。咨询来的东西对任何人都是一样的，它是普遍经验，你必须与众不同。

我们最看重可行性报告中的相对分析论证。在这个分析中，我们在进行市场分析、投资分析、盈利分析之外，更偏重横向对比。我们一般要找出同行业的前三名，分别选销量最大、成本最低、管理最好三项，与我们现有的条件相比。这样对比之后，我们就能做到以相对低的成本、相对优的技术、相对强的营销、相对好的管理中的一项或几项进入，成功的把握就比较大。

我们将进入现代大工业

我们在发展过程中有几个重大转折，第一次是决定创业，第二次是决定转产饲料业，第三次是决定办分公司，第四次是决定分成东方片区和南方片区发展，第五次是决定进入重工业领域，这些重大决策都帮助我们成功了。现在已经到了要争夺市场份额的时候了，我们的布点已经完成，我们的重点将由外延式发展回归到内涵式发展上来，我们要不断增加每个分公司的市场占有率，增加每个分公司的销售额，从而降低成本，增强竞争力。

我们一要把现有饲料企业做大做强，二要寻找新的增长点。饲料业已进入整合期，十年过后可能只会剩下一两千家企业，这样的话，每个厂的规模都要扩大几倍。随着饲料行业的整合，只要我们采取正确措施，十年时间我们肯定能翻三番。

我们将进入现代大工业。我们发展到今天，已经积累了一定的资金、经验和商誉，我们要整合资源，形成新的优势，就像以前的发展过程一样，我们必须拥有相对优势。我们第一个产业现在进入了回收期，所以有实力哺育第二个产业。第二个产业能够产生回报时，我们就能在饲料行业主动发动整合战。

我们现在要进入新的产业，从资金上看是没有问题的，现在我们是零负债，因为我们商誉很好，融资能力很强，总部和子公司都可以贷到款，我们过去都是用自己的资金发展，现在需要改变了，这样就可以支撑我们进入第二个产业。我们的成败主要取决于人力资源和技术，所以我们要千方百计吸引人才。

董事长最主要的工作就是人力资源工作，在这方面我做得不够好，我还要努力。一般员工打工挣钱无可厚非，但高层干部和中层干部必须做事业，不进入这个状态就不会成功。我们的干部必须把自己能力的提高和同集团一起腾飞当成自己事业的立足点。

打造自己的戈壁商业文明

几年前，我们开始在新疆戈壁滩里的无人区兴建了一个项目。这个项目占地15平方公里，包括240万吨电解铝及配套项目、煤制180万吨甲醇转60万吨烯烃、10万吨多晶硅等六大块环环相扣的业务，我们称之为“六谷丰登”。这里没有水，没有电，不通路，但有一个好处，就是里面有煤。那些煤不值钱，很好的煤每吨才二三十元，但运输成本奇高，到重庆光运费就要三四百元一吨。我们要顺势而为，顺应大自然的规律。于是，我决定在这里兴建一个坑口电厂，就地消化。我们按照这个思路与当地政府谈，结果一拍即合。我们已经投资了300多亿元，建成了10多个工厂。在经济最困难时，全世界的重化工行业都在剧烈亏损，我们不但在全国是最好的，在全世界都是最好的之一，我们的效率是美国同行的三倍之多。当我们决定在这个地方兴建工厂时，我们修了很长的道路，政府花很多钱把雪山的融水引到了这里。建厂第二年，政府投资20多亿元兴建的水库竣工了，我们有了非常丰沛且价格低廉的水源，工厂也开始投产了。

由于新疆煤炭资源丰富、开采难度小、价格便宜，铝电企业在当地自发电的价格只有内地的1/3，大大降低了在新疆生产电解铝的成本。此外，在政策上，新疆也得天独厚。与包头项目比起来，新疆的设备、技术更先进，资源成本也更低。

煤矿建成后，我们每天输3万吨煤到工厂，以后每天可以输10万吨，这是我们在沙漠里面建设的全世界最大、运输能力最强的煤矿输送线。政府第一期批准我们450千瓦，但我们的负荷率非常高，每年可以发350亿度电，350亿度电相当于长江三峡发电量的35%。现在经济最困难的是重化工行业，重化工行业里面铝是最困难的，跌了将近70%。由于我们是按照经济规律做的，所以，在全世界所有铝行业里面我们是最好的。

在经济形势一片大好时一定要有最坏的打算，才不至于在最困难的情况出现时束手无策。我们不需要做规模第一，但我们要做到竞争力第一和环保第一。我们为野生动物保留了生存空间，现在很多人来这里参观，旅游资源也为我们创造了很多利润。

当电网建成时我们发现机会来了，沙漠里面硅最多，而湖里面大量的石头都是优质的硅石，我们就建了一个硅厂，我们的竞争力比世界水平还高20%。硅产业形成了，所有的原料都来自当地，煤、电、硅都来源于本地，所以我们的竞争力是世界第一。

之后，我们又发现它可以延伸下去做光伏、多晶硅。很多企业在多晶硅里面死掉了，但我们的固定资产、劳动力和原材料成本只是人家的1/10，这样，我们就可以为下游光伏企业提供最廉价的原料。所以，我们现在正在建设一个规模庞大的上游硅谷，正在研究能不能建设芯片、半导体企业。只要适应了大自然的规律，我们就能按照自己认定的方向坚持做下去，长期投资，并不为社会上的经济潮流所动，不为短时间的经济困难所惑。我认为现在是最好的投资时机，我们把原来预订投资又翻了一番。按照经济路线，这个地方我们将会建成50个工厂，最终把高附加值挖掘出来。我们按照大自然的规律和我们几十年积累的理念来做，正致力于在这个沙漠里面建设我们自己的商业文明。

目前我们有最好的工业硅，之后会生产多晶硅等。通过十多年的研究，我们提出了一个颠覆性的概念，可以改变世界性的竞争格局。政府已经批准我们规划一个多晶硅项目，其产量将占全球总量的一半左右。我们靠自己去顺势、明道、习术，一点一点地改进，打造自己的戈壁商业文明。中国的文化势、道、术，很好诠释了这一点。戈壁虽然偏僻、荒芜，但我们却非常的顽强、努力，员工也充满了激情，我们正在打造一个超级产业、循环生态互联网，我相信这是具有世界竞争力的。

我们在新疆昌吉州吉木萨尔县兴建的这个铝电一体化项目，不仅是东方希望迄今为止的最大项目，在新疆所有新批建的项目中，其规模也是数一数二的。为了这个项目，我先后几十次到新疆。我希望新疆项目能达成包头项目尚未达到的愿景——人均生产效率世界第一，吨均能耗世界最低。当初在戈壁滩里，没人、没水、不通电，陆续修了几十公里的临时公路，在两万多亩戈壁滩上，累计投入300亿元。我们从自己身上下功夫，去改变它、优化它，去创造属于自己的竞争力，我期待这里成为中国乃至世界金属铝的定价中心。

“循环产业链”是东方希望的又一大法宝

除了想方设法提高人均生产效率，“循环产业链”是东方希望的又一大法宝。十年前，在包头希铝建厂之初，“循环产业链”的构想已经成形，这条产业链如今正在逐步完善。在东方希望包头希铝片区，发电、电解铝、赖氨酸、烧碱、PVC、制砖等生产线环环相扣，上游的废弃物成为下游的原料，大大降低了生产成本。比如，发电产生的蒸汽用来生产赖氨酸，电厂的副产品粉煤灰用来制造标砖，生产PVC的主要原料是电石，电石的尾气可以生产阳极炭块，阳极炭块又是生产电解铝的主要原料，等等。

废弃物就是放错了地方的资源，一定要加以利用。我们对废弃物的态度是吃干榨尽。由于长期关注废弃物的回收利用，东方希望三门峡铝业从电解铝废液中分离出了金属镓。我们“从氧化铝分解母液中回收金属镓关键技术及产业化示范”项目顺利通过了河南省专家论证，获得了国家700万元科技奖励。目前，我们生产的稀有元素金属镓占全球产量的五分之一以上。

滚动发展实际上就是把大项目化整为零，分期分批做，第一期完全使用自己的资本金，一期完成投产后产生的现金流再滚动发展第二期、第三期。滚动发展实质上是牺牲一点速度来降低项目风险。这种做法使得我们在业内业外以“稳健”著称，也为我们在银行积累起了良好的信誉。我们看似很“保守”，但恰恰是这种“保守”帮助了我们。2004年包头希铝投产之日，恰好是国家宏观调控政策出台之时，正因为投资用的全是自己的资金，我们才避免了资金链断裂的危险。

我们整个重工业是饲料老母鸡下的蛋哺育出来的，我们当初不敢靠银行贷款，从银行贷不了款，所以现在我们重工业再大的投资，第一期从来不找银行贷款，都是我们做起来之后，银行认为我们好，它主动找上门来。我们希望集团比银行正常贷款利率低10%，我们要选银行，利息太高了我们不要。

我觉得我还是适合做产业的，尤其是重型工业产业

虽然说中国进入了工业化中期，但工业化还要升级，还要更加环保。中国不像日本，可以自己不生产了去国外买。中国的7亿吨钢去哪里买？3000万吨电解铝去哪里买？这么大的量，就算有地方买，价格肯定也会暴涨，所以我们必须自己解决。这就注定中国重化工肯定还会发展。只不过下一步要考虑的是，尽可能在合适的地方寻找合适的资源组合、合适的技术、由合适的企业来做，而不是遍地开花。中国的重工业会有一个产业转移过程，从东部转移到西部，比如河南的电解铝必须转移到西部去，到新疆去。

做企业一定要考虑长远。你不能在行业景气的时候去做决定，一定要在行业最不景气、最差的时候做决策才是最明智的。

市场经济就是过剩经济，市场一向是按照满足高峰时期需求来配置产能的，所以经济一下滑肯定过剩。但停产损失很大，大家都熬着，直到支撑不下去才破产。现在几乎所有电解铝厂都巨额亏损，只有我们极少数铝厂还有盈利，这才是竞争力。

做房地产赚钱太容易了，卖十几亿元就有几亿元利润。开发周期三年左右，如果抓得快，甚至当年就可以卖。但它没有技术含量，没有挑战，我不想做。房地产还需要做很多公关方面的事情，比如拿地、批文、规划，都要靠公关，我不喜欢也不擅长。所以，我不会大规模发展房地产。喜欢做金融的人也很多，让他们去做吧，我还是做些“笨事”。我们一直做得很难、很苦，但是如果不苦哪有我们的机会？谁都能做，就没有我们的机会了。行情总是有好有坏的，低潮过去了，机会来了，回报便会很高。

无论哪个行业，只要你能做到第一，就一定能生存下来。难道中国人就不需要铝了吗？不需要钢铁了吗？问题在于谁来做、怎么做、在哪里做、用什么技术来做。

我从来不管一个产业能赚多少钱，盈利是多少，也不太管这个产业是新兴的还是饱和的，我只管相对优势，只管我是不是能做到最强。丰都水泥沿江斜坡上下有550米的落差，其势能完全可以转换成电能，用以满足水泥厂矿山破碎的全部用电。在包头希铝，我们是借助铝水出炉到铸造之间的250度温差来降低电耗，并用这样的精神去节省每一度电，今年包头项目的耗电量比两年前降低了3亿度。

做重工业和饲料都是一样的。以前我们过分强调重工业的特殊性，后来发现没什么特殊的，抽象出来都一样。

我还是看好重工业，有不少人特别瞧不起传统产业，对饲料业也有偏见，以为这是档次低的产业，但我愿意做。社会需要这些琐碎的、不怎么赚钱的行业，别人不做，那我就踏踏实实地做，做好它，还要能赚钱。

民营企业投资不能分散精力、资金联系，我从做饲料到做重工业已经跨度很大，我们的想法很简单，就是为国家、为民族，从实业的角度踏踏实实做点事情。我们进入重工业，我从1995年到2002年开始考虑，前后思索了 6 年，积累了 6 年。做这样的产业怎样才能做成功？开始我觉得可能做不到，但还是坚持做准备，积累资金，培养观念，进行考察，最终我们还是走出来了，而且取得了成功。做第一个项目是和山东一家国有企业进行合作，他们帮助我们了解了这个行业的情况和风险。一段时间以后，我们认为自己基本懂了，就到河南进行更大的投资。我们规避风险的手段就是做试点，做小规模实验。

我觉得我还是适合做产业的，尤其是重型工业产业。重型工业的市场门槛高，资金需求大，但销售和利润都不错。

中国很有可能出现世界级的重化工企业

中国很有可能出现世界级的重化工企业，我们重化工的劳动效率跟世界先进水平是一样的，我们人均电解铝的产量是400吨，人均产值600万~700万元。另外，中国有巨大的需求，比如每年需要20亿吨水泥，美国只有1.1亿吨。美国30万吨的水泥厂还在生产，在中国这是要淘汰的。中国重化工业对环保的要求高、力度大。中国要关掉的工厂美国和西方国家可以不关，美国的水泥厂、氧化铝厂、电解铝厂按照中国的标准，大部分要关。

电解铝下一步要关很多厂，但要关掉的主要是河南、山东、山西等中东部的工厂，西部不会关的，必须往西部走，这是趋势性的东西。中东部节省出来的能源可以用来解决民生问题，发展轻工业、电子工业、IT产业、人民生活用电。西部有资源优势，适合发展铝等高载能产品；东部是高智能、高素质的人才聚集地，可以发展贸易、金融和服务业；中部像河南等人口大省可以发展劳动力密集型经济，如农业和制造业，这样将会形成更加合理的产业布局。

全球化依赖于国家政策是靠不住的，必须依赖于你的全球竞争力。参与全球化意味着你要参与全球竞争，不仅饲料业是这样，你的产品能够为顾客提供他想要的价值，必须创造出终端竞争力，这样不管是在国内销售还是在全球销售都是一样。

这时谁还会去关心经济是上行还是下行呢

东方希望第一产业是饲料，第二产业是重工业。我们进入的产业即使投资再大也不求银行，一直是先用自己的钱把事情做起来。

2010年，新疆自治区政府邀请我们去建设一个特大型的能源基地，批准建设一个450万千瓦的发电厂，发电厂的发电量是三峡大坝总发电量的35%。如此一来，我们的电力成本将是全世界最低的。目前我们内部消化了近一半的电量。李克强总理曾经邀请我去中南海，他鼓励我要按市场经济规律做事。我跟总理汇报我们将成立独立电网，这是中国有史以来的第一例。

对我们来说，如果市场好，我们当然可以获得很高的利润；如果市场不好，就正是我们投入的大好时机。因为钢材、水泥等原材料的价格非常低，建设的成本压缩了。

我们有一家工厂设计产能是105万吨，但我们做到了270万吨。我问总经理是怎么做到的，他说就是按照我的要求来做。别人建这样的厂需要14000亩土地，我们的工厂占地仅1300亩土地，土地利用率极高，劳动效率极高。别的工厂投资200亿元，这个工厂只投了43亿元。成本大大降低后，利润自然就产生了，这就是我们的竞争力。

在重庆投资的一家石化厂是我们的一个教训。2008年，我们回笼了几十个亿，准备到海外投资。这时政府给了我们一个批文完备的项目，但由于产业不配套，我们不得不从下游买PX，同时PTA又运到下游，这违背了大自然的规律，现在成了闲置资产。

我们在山西建设的一个项目，原先规划是120万吨，经过前后共36次优化，我们把它规划到了700万吨。在这个过程中，我把顺山势而建的理念提了出来，让工程师与设计院充分讨论，把原先平整山坡的费用大大降低了1亿元。工程不是抢出来的，而是合理安排规划出来的。当你做到全球最优、成本最低、劳动效率最高、能耗最低、投资最少，这时谁还会去关心经济是上行还是下行呢？！

民营企业将会逐步成为上市公司的主体

我认为，企业发展初期过早上市的话，可能对发展不一定有利。我们也考虑过上市，有很多证券公司希望帮助我们上市，帮助我们在香港上市，在伦敦上市，在纽约上市，都提出过这个建议。但是，我没有精力去做那个运作，这是我的弱项。更重要的是，集资来做什么？拿来大笔钱就乱投，我想这是不负责任的。现在我还感到庆幸，就是说我没有采取上市的措施，不然的话我拿来的资金都要闲置，就逼着我去乱投。至于是不是要上市，我们还要看，要找到好的需要资金的项目，不能为上市而上市。

现在真正大规模的、比较成熟的民营企业还不太多、不太稳定，如果没有进行认真选择，通过一些特殊途径发行股票，这样的公司上市，最终股民将遭受损失，因为他们不能持续发展，这些资金没有得到很好的利用，没有为社会财富的增值发生作用，只是资金积累的转移，对社会没有好的作用。

我相信，随着民营企业的发展壮大，随着一批又一批民营企业发展起来，情况便会不同。80年代初，社会对民营企业家的评价非常低，很多人就讲这一批企业家不是劳改释放犯就是社会闲散人员，这不怪他们，这是社会发展特殊情况造成的，那时国有企业的干部，我们的研究生、专家谁愿意下海？我们胆子大一点，所以，我们稍微领先了一点，取得了一定优势。但是，现在民营企业的领导人、创业者，其层次发生了质的变化，很多博士生、留学生、硕士生、高级工程师、教授，很多科技人员、国家干部到企业创业，这些人是社会精英，现在时间还不太长，但我想10年以后，民营企业家这支队伍将得到壮大，素质将会得到极大的提高，那时民营企业上市的话，我想将会逐步成为上市公司的主体，那时情况就会发生根本变化。

家族企业能否长盛不衰的关键

家族企业是否有优势，关键是看处在企业最高位置上的人是否优秀。建立现代企业制度的最大好处就是能够把社会上的精英吸引到企业的最高位置上。

家族企业在创业初期是其他企业所不能比拟的，因为在资本很少的情况下，你要精心经营，整个家庭来做非常有利，它可以让财产的效能发挥得更充分。同时，大家的目标是一致的，在很多问题上是以家庭关系为重，为共同的利益可以作出牺牲，心往一处想，劲往一处使，这时应该说是其他形式不可比的。到发展得比较大一点时，容易出现的问题是始终站在家庭角度，这个家庭里面是不是有优秀人才，但恰恰每个家庭又不容易出现非常优秀的人才，这是普遍的。所以说，家族企业的最大问题就是在最高位置上是不是一直有最优秀的人才。企业要做大的话，一把手要非常优秀，而家族企业又很难做到这一点，我认为这是最大的问题，而且基本上是唯一的问题。所以，我们引进现代企业制度的话，最重要的功能除了融资手段之外，就是能够把社会精英吸引到最高位置上，这是建立现代企业制度的最大好处。这就需要家族企业所有者或者股东会比较开明，这才是能够保持家族企业长盛不衰的关键因素。如果你认为家族企业这种制度不好的话，那么就难以解释国际上有那么多优秀的家族企业，而且保持了那么多年，并且是相对稳定的，相对比上市公司还稳定。唯一能够解释得通的，就是说他有优秀的人。这个优秀并不是说他是技术上或者是管理上，而是选择社会上的人，或者说是家庭里优秀的人在管理，高层在管理上与他协作。

企业在发展到一定规模时，能不能继续发展下去，并不取决于是否为家族企业，比如欧洲就有许多大型、超大型企业是非常优秀的家族企业。一个企业能不能持续发展，关键不在于是家族企业还是上市公司，或者联合公司，关键在于处在最高位置的领导人是否优秀，如果处在最高位置上的人是优秀的，他有创新精神，他有学习精神，他能够很好地用人，那么，家族企业仍然可以发展壮大。如果这个最高位置上的人不够优秀，上市公司也要倒闭，而且倒闭起来快得不得了。因为他取之于民，容易养成一种不在话下的想法，他就会不思进取，这样垮起来不得了。我更倾向于现代化公司或者上市公司，这种更彻底的办法适合现代人的做法。刚才我说了，是不是能够发展得更好，是不是能够持续发展，使企业保持竞争力，首先在于处在最高位置的领导人是不是优秀，是不是在改进工作，是不是让他的员工不断学习，是不是能够把优秀的人集聚在自己的周围，这是企业能否成功的关键。

希望集团由于是传统的家族企业，我们几兄妹都比较优秀，能力都比较强，这时外人就不容易进来，就不容易引进外脑。实际上，我们每个人都可以领一支部队打仗，1991年我就提出了“变企业经营为经营企业”，提出了“明晰产权”。这样划小作战单元，就能够引进外脑，把优秀的人员吸引到我们周围，家庭的影响就小一点。

如果能节省时间的话，我什么钱都可以花

对财富我的心态比较平和。我认为，财富只能代表过去的成功和继续奋斗时所处的位置。当然，《福布斯》等杂志的排名也有其他含义，西方国家一直都不相信中国的改革开放能够持续下去，这个排名正好是中国个人财富的一个标志，它有助于西方了解我国开放的决心。正因为这样，他们的记者来，我们一直是提供方便的。

我吃饭从来不讲究，到公司检查工作只吃工作餐，有时就是员工食堂的剩菜剩饭。作为企业家，自己消费多一点少一点影响不大，但我们需要用更多的资金来再生产，再生产是促进社会进步、扩大市场需求的最好手段。在这个过程中，我们自己的行为就有一种示范作用，比如一般赶飞机我就乘经济舱，因为时间很短，也不会浪费其余时间，所以我不会乘头等舱。有一次我自己到机场去，因为临时要赶到北京，平时都是工作人员订票，那天是我自己去的，驾驶员去停车，我自己去填表，填完后递给售票员，他看了我一下问：“头等舱吗？”我想糟了，他认出我了。我说：“不，普通舱！”他把票给我后说：“普通，普通，普

普普通通，哪有什么传奇色彩！”他说：“你是希望集团的老总？”我说：“你的眼睛好厉害，我本来就没有什么传奇色彩。”但是，如果没有普通舱的话，我会毫不犹豫地买头等舱。我的很多日程都是提前定的，都有打折机票，但如果临时有事的话，我买到的经常是高价票，临时赶到机场多是高价票，这方面我是不会节约的。为什么？它可以节省时间，时间是最重要的。如果能节省时间的话，我什么钱都可以花。

我的名字叫永行

我的腿动了手术，手术是在美国做的，做得非常成功。但手术之后由于活动量不够，医生说如果你两三年活动量不够的话，肌肉就只能适应那点活动。现在关节是医好了，但机械和肌肉不配合。怎么办？医生说，你要想三个月之后能够正常行走，就必须吃苦，必须忍受痛苦，此外没有第二条路可走。这就把我整倒了，我原来想动了手术就好了，哪晓得还要等三个月。这三个月咋整呢？每天是六七个小时的锻炼，非常痛苦。我是60多岁的人了，韧带变硬了，活动量只有那么多，要把它扳到80°、100°、120°，这个确实痛得不得了，是钻心的痛。这个弯曲度是那么大，你要把它扳直，要三个医生帮着按，使劲地按。在家里有时痛得我大声叫，没有办法，痛得不得了。再痛每天也要扳四五次，扳一次有时刚缓过气来，我就睡到床上压，医生说你不怕痛，我说我“死猪不怕开水烫，认了！”为了得到活动自由，我必须这么做。如果不忍受就前功尽弃，还不如不动那个手术，或者动个小手术，现在是逼上梁山了，只有认了。

通过这样的努力，我付出的是疼痛，是流汗，是忍耐，我甚至每天晚上睡不着觉，但我可以在三个月后得到活动自由，同时还带来一个好处，就是锻炼身体。锻炼之后要爬楼，爬十九层楼，而且一步都不准打闪晃，不然以后就得不到自由了。一天爬几次，每天至少要走五公里，计数器就挂在腰上，必须做到，不能偷懒。带来的第二个好处是身体变好了，带来的第三个好处是磨炼了意志。

通过这样锻炼，我的忍耐力提高了，身体变好了，出入自由度变大了，将来就能更好地为集团服务了，就能与大家一起为集团创造更好的业绩了。所以说，要得到的话，就必须付出。这次我更深刻地体会到了，要得到就要付出。活动量大一点，每前进一步都要付出艰辛，一点懒都偷不得。因为如果有几个小时不动，下一次就要付出三倍的代价。我们的员工要想得到，也可以从中来体会一下，道理是一样的。我们要想业务能力得到提高，就要学习，而学习是艰辛的。我们要得到职务，要得到比较好的待遇，就必须努力提高自己的能力。不这样做是不行的，投机取巧是不行的。这个道理对每个人都是一样的。要得到怎么得到？只有靠自己努力，没有第二条路可以走。希望集团要不被淘汰，只有走艰难的路。以前我也说过，希望集团的经验是什么？就是走艰难的路，只有平时练好本领，到有捷径时才走得通。

我的名字叫永行，这一生注定是要永远前行的。

刘永行说发展

◇当初我们如果不走出四川，就对不起那么多能力已经成长起来的干部，因为公司不能给他们更大的发展空间。我们有很多干部的潜力还没有开发出来，如果企业无法给大家提供更高更大的成长平台，我就对不起一万多名员工。所以，我们需要不断地发展。在几年之内，我们将提供几百名中层经理职位，提供上百名总经理职位，提供几十名总裁职位，为愿意在集团的平台上发挥自己潜力的人，愿意帮助更多人成长的人，提供施展才能的空间。

◇一个人总有自己的偏好，比如陈景润，他一生就用来解那个1+1=2，你能说研究出来对他自己有什么实际意义吗？研究完了，他自己也病得差不多了。大家追求的，无非就是一个成就感。我的动机就是想看看自己到底能把企业办多大。

◇中国人真是了不起，如果经营能力和发展速度齐头并进，足以令一个行业从成长期很快步入饱和期。从高盈利到高亏损，这其中可能只需要一年或者更短的时间。

◇饲料行业多是小企业，要求高，产出低，只有进入重工业才能做大。只有通过大产业，才能把我们的潜能极大地发挥出来。

◇不要小看饲料业，我做重工业的初始资金都是饲料业赚来的。

◇包头铝电项目一期工程用了一年时间，投入了25亿元，建成了25万吨原铝生产规模并投产，投资和建设周期是国际通行标准的三分之一。

◇实业好比面粉，资本经营好比发酵粉。蒸馒头主要靠面粉，发酵粉只要一点就够了。我给企业做过15年规划，因为只有这样我们才不会急功近利。

◇企业要办好不容易，要垮掉轻而易举。强大的公司破产也许就在一瞬间。

◇近路都是不好走的路，最艰难的路往往就是捷径。要走捷径就要下苦功夫，你必须练好基本功，练好基本功你就有成功的保障。走艰难的路是希望集团的传家宝，这个宝贝千万不能丢，丢了我们就要失败。

◇我们下海相对早一点，但我们发展的每一步都不是太冒进。

◇我们投资是采用滚动发展的模式。四平八稳，企业一定不能发展。

◇好是机遇，坏也是机遇；坏是危机，好也是危机。

◇国家不要当投资者，要当收税人，要当咨询人，要当裁判。

◇不管怎么搞，资本经营都不能脱离本行。资本经营要以产品经营为载体，资本要附属在产品优势上。多元化经营既有诱人的前景，也有可怕的陷阱。

◇扩大规模是许多企业的追求，但我们有自己的选择方式，对于收购、兼并这一传统而容易的方式，我们非常谨慎。

写在后面

——一个总编25年的记录与沉淀

编完《刘永行说》，摘下新换的眼镜，我揉了揉酸涩的眼睛，直起已经略显驼背的腰，关上电脑，瘫坐在椅子上——我有一种如释重负的快感。

很久很久没有写诗了，在步行回家途中，我居然随口吟出了几句：

用尽最后一点力气
我将破成碎片的战旗
插上山顶
轻轻弹去衣襟上
不知是谁的血痂
抿一抿干裂的嘴唇
嗅一嗅带香的硝烟
回身望去
只见山下云卷云舒

熟悉的友人一直在问我：编写这本书你到底图什么？你已经离开东方希望和刘永行先生这么多年了，何必自找苦吃？

我在图什么？我也在问自己。

25年来，我一直在为希望集团的事业鼓与呼，并将这份工作当作一份神圣的事业。25年前，我和同事张强一起创办了《希望饲料报》（《希望集团报》的前身），并长期担任编辑部主任、主编、总编，历任新希望集团宣传部部长助理、东方希望集团宣传部副部长、华西希望集团宣传部部长。可以说，我是希望集团文化宣传系统最忠诚的一位老兵了。

仔细想了一下，我之所以如此执着地编写这本书，还是一种无法割舍的情怀在起作用吧！

其一，我在希望集团已经工作了25年，最美好的青春都挥洒在这里了，这就算作我对自己青春的一种纪念吧！

其二，我确实是刘永行先生的超级粉丝，我喜欢他身上的英雄气，还有那种独特的傲气和霸气。我坚持认为，他是中国最杰出的实业家。作为一名有幸在他身边工作过的人，不为别的，只是因为这份油然而生的景仰吧！

其三，也是最重要的，就是我觉得这些东西太好了，如果散失掉，实在是太可惜了。作为少数几个有资格有能力承担此项工作的人之一，使命感驱使我主动背负起了这个责任。相对系统地整理出刘永行先生的观点，并将其转化为社会财富，可能也是我对这个国家、这个民族力所能及的一份贡献吧！

我就是这样想的！

为什么一定是我来做？因为我既有“当局者”的亲身经历，又有“旁观者”应有的距离。站在《希望集团报》总编这个独特的位置上，我相对系统和完整地见证、记录和积累了很多希望集团的第一手资料。许多有心人也有这样的动机和能力，但资料的完整性不够；也有少数人有类似的经历，但却没有这样的动机、能力和耐力。历史赋予了我这个使命，我只有迎难而上。

《战国策》有言：“无形者，形之君也。”是的，所有强大的企业背后必有强大的企业文化，所有有形财富的背后必有与之相匹配的无形财富。真正了解希望集团的人不仅仅在观察其庞大的财富帝国，他们往往会深入地研究希望集团的企业文化，此所谓“外行看热闹，内行看门道”。在刘氏四兄弟当中，我与刘永行先生直接相处的时间并不算很长，但却对他心存一份崇敬甚至崇拜——他的思想观念正是希望文化源源不断的活水。编写此书，其发心正在于此。

要知道，编写这本书的工作量颇为浩繁，除去大量的采访工作，我必须从超过200万字的资料中筛选出所需要东西，然后再进行打磨、分类、组合、润色，其工作量之大可想而知。

这200多万字的资料有三个来源，一是我本人和我的同事采访刘永行先生和东方希望集团同事的原始记录，以及在工作中采集到的相关信息；二是冯波先生、唐勇先生、徐昌俊先生、明再勉先生、高竞女士、罗修竹先生、谢尚书先生、张强先生、罗潇先生等人无私地提供了他们在企业工作期间所积累的原始文字和图片，以及他们所知道的一些故事；三是东方希望集团宣传部历任同事分享给我的内部资料，当然也包括东方希望集团的报纸、网站、微信所公开发表的一些信息。除此之外，我也从相关媒体报道中节选了一小部分。

在这里，我要特别说明的是，由于篇幅太大，并且绝大多数稿件是根据现场录音或记录稿整理的，虽然我曾当面请教过他本人，并得到指点，但发表时并未经过刘永行先生本人审阅，如有理解或记录上的偏差、出入甚至错讹，文责概由本人来承担。

过了50岁的我似乎已经超越了自己，并从人生的夹缝中隐约看到了“天命”之中的“天机”。经历了，看淡了，便从此超越了！在编写这本书时，我要求自己超越功利和当下，努力进入一个探求真知的境界。我一直认为，真正的真理并不需要大家一起喝彩，它是直白的、简单的，甚至引不起世人的关注。也正因为如此，它才是最有力量的。

“黄老之学盛行，文景因之致治”，这是观念改变世界的典范。不错，正如刘永行先生所说，在特定的时间里，观念的力量将超过物质的力量，变成社会进步的主要动力。编写这本书，我也希望能够起到一点这样的作用。

虽然探求真知的世界是孤独和寂寞的，但我也不是一个人在战斗。在这里，我首先必须感谢我的老板和老师刘永行先生、陈育新先生，他们以希望事业创始人的胸襟，包容和支持此书的编写，并给予了不少指导。正和岛创始人刘东华先生、地头力创始人王育琨先生、著名媒体人秦朔先生在百忙中为本书写了推荐语和推荐序，我在此表示最诚挚的谢意和敬意。在这里，我要特别感谢我的助手郑静女士、陈晓莉小姐，她们牺牲大量休息时间，帮我做了很多录入和校对方面的工作，也只有她们才知道这本书的编写是多么不易。需要感谢的人还有很多，东方希望教练学校校长朱巨露先生、东方希望三门峡铝业原总经理张国华先生、禾丰牧业常务副总裁高全利先生、《川商》杂志主编张镜先生、天富莱溢佳董事长陈宏先生、天地经纬品牌机构创始人周尚书先生、瑞之源总经理王辉华先生、大帝汉克总裁助理赵剑萍女士、上上教育机构创始人阎宗清先生、天使湾私董会创始人谭凯军先生等，都给予了我很多鼓励与鞭策，在此一并表示感谢。当然，我也要在此感谢我贤惠的妻子和阳光的儿子，他们的理解和支持是我完成这本书的动力源泉。

因为热爱，所以虽然负重前行，累并快乐着。我希望在本书出版之后能够继续努力，完成一本以希望集团刘氏四兄弟为原型的大型文学作品，以充分展示希望事业的丰采。唯有如此，我才能真正放下这份太深太深的情感。

凌龙　2016年8月9日

于反而书坊